PASSION **PASTA**

Online-Kochservice

Wenden Sie sich an uns, wenn Sie Fragen haben. Anregungen sind jederzeit willkommen.

info@so-kocht-suedtirol.it · www.so-kocht-suedtirol.it

sokochtsuedtirol

Einfach QR-Code scannen und auf unserer Internetseite informieren.

Heinrich Gasteiger + Gerhard Wieser + Helmut Bachmann

H. Gasteiger G. Wieser H. Bachmann
So kocht Südtirol Team

PASSION PASTA

Nudelgenuss für jeden Tag
Der perfekte Teig und kreative Saucen
mit original italienischen Rezepten

ATHESIA VERLAG

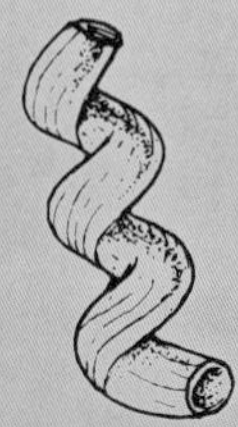

INHALT

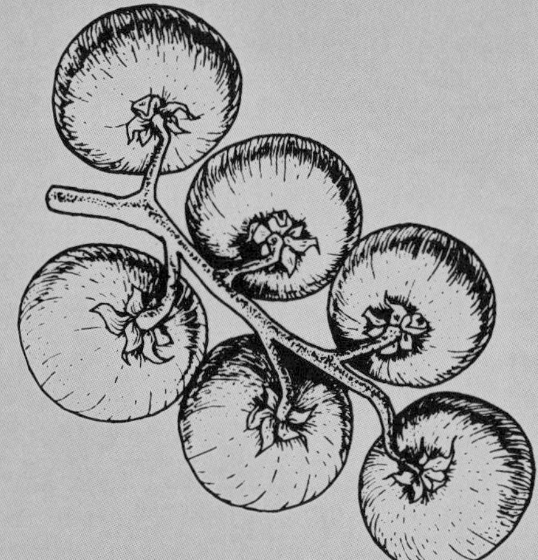

NUDELTEIGE

GRUNDSAUCEN

SCHRITT FÜR SCHRITT

REZEPTE

GEMÜSE & PILZE

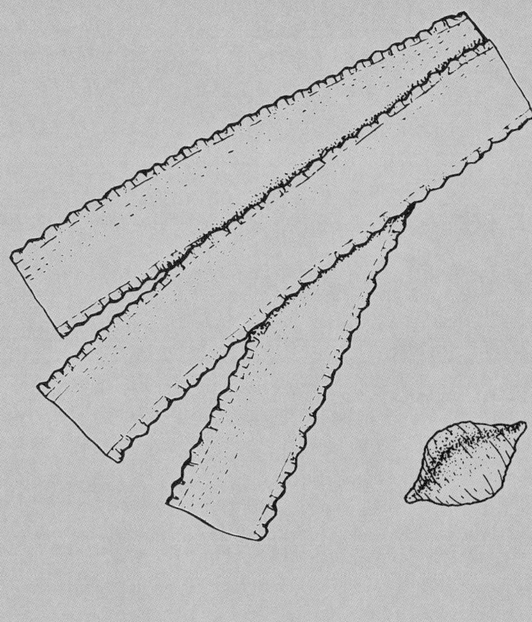

FISCH & MEERESFRÜCHTE

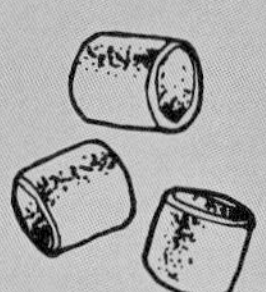

FLEISCH, GEFLÜGEL & KÄSE

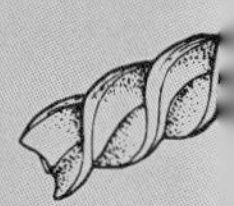

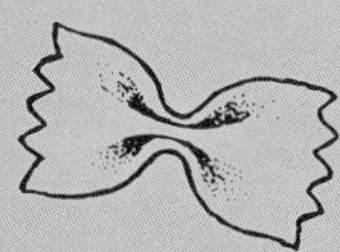

H. Gasteiger
G. Wieser

LIEBE PASTALIEBHABER!

Nichts, aber auch gar nichts steht für die italienische Küche wie die Pasta. Und nichts, aber auch gar nichts ist so vielfältig. Pasta, Teigwaren also, gibt es in allen Formen und Farben, gefüllt und „leer", mit Fleisch-, Gemüse- und Fischsaucen, als Trockenware oder frisch zubereitet. Deshalb ist es auch kein Wunder, dass kaum ein Tag verstreicht, an dem bei einer typischen italienischen Familie nicht Nudeln in irgendeiner Form und Variante auf den Tisch kommen. Schließlich gilt: Eintönig oder gar langweilig wird es nie.

Damit haben wir im Grunde auch schon die Ziele dieses Buches vorweggenommen. Zum einen wollen wir Sie – natürlich! – nicht langweilen, wir wollen Ihnen Informationen rund um die Pasta geben, mit denen Sie Abwechslung in Ihre Nudelküche bringen können. Zum anderen geht es uns darum, die Vielfalt der Teigwaren abzubilden – und jene der Gerichte, die man daraus zaubern kann.

Deshalb haben wir für alle etwas in dieses Buch gepackt. Pasta-Anfänger kommen ebenso auf ihre Kosten wie all jene, die Pasta lieben und neue Gerichte dazu suchen. Und schließlich finden auch Pastakönner, die auf selbst gemachte Nudeln setzen, Rezepte und Tipps, mit denen sie es im Pastamachen zur Meisterschaft bringen können.

In diesem Kochbuch finden Sie deshalb alles, was Sie für den perfekten Nudelgenuss brauchen: von den Grundrezepten für Nudelteige über solche für Pastaklassiker bis hin zu neuen, kreativen Nudelsaucen. Bleibt uns also nur noch, Ihnen viel Spaß beim Lesen und Kochen zu wünschen, gutes Gelingen und natürlich guten Appetit.

Ihr „So kocht Südtirol"-Team

Heinrich Gasteiger, Gerhard Wieser und Helmut Bachmann

PASTAWISSEN KURZ UND KNACKIG

Pasta ist ein **italienisches Kulturgut.** Ob sie nun ursprünglich aus Italien stammt oder doch aus dem Fernen Osten, ist dabei eine rein akademische Frage, denn nichts prägt die italienische Küche, wie es Teigwaren tun.

Aber warum? Darüber lässt sich nur spekulieren, Anhaltspunkte gibt es jedoch genügend. Der erste ist: Die **Zutaten für Nudelteig** waren schon seit jeher leicht zu besorgen. Wasser, Eier, Mehl – mehr braucht es nicht. Damit sind wir bereits bei Ursache Nummer zwei: **Nudeln sind günstig,** auch Großfamilien können sich Pastagerichte leisten. Gerichte zudem, die – und damit sind wir bei der dritten und letzten Ursache – jede Menge **Kohlenhydrate** liefern und damit Energie für harte Tage ...

Energiespeicher
100 Gramm Hartweizennudeln enthalten **25 bis 27 Gramm Kohlenhydrate,** sind daher also ein optimaler Energielieferant. Marathonläufer feiern deshalb am Vorabend des Rennens das obligate Pasta-Fest. Nach diesem wandelt der Körper die Kohlenhydrate in Glukose um, die als menschlicher Treibstoff wirkt. Und man läuft und läuft und läuft ...

Fangen wir an: ganz hinten

Wer das Vorwort zu diesem Buch gelesen hat, weiß: wir schreiben es für **Einsteiger** wie für **Könner** gleichermaßen. Deshalb starten wir bei den Grundlagen und steigern uns, gehen also immer mehr ins Detail. Das ist der Grund dafür, dass wir als Einstiegsthema eines wählen, das im Ablauf eigentlich am Ende steht. Es ist die Frage, **wie man Pasta kocht.** Die Logik dahinter ist einfach: Zwar stellen immer mehr Menschen ihre Nudeln selbst her, trotzdem greift die Mehrheit immer noch nach der Trockenware im Lebensmittelgeschäft. Für sie spielen die Zutaten des Nudelteigs also eine sehr viel kleinere Rolle als Tipps und Tricks zu deren Zubereitung.

Spaghetti auf keinen Fall brechen!

Die perfekt gekochten Nudeln

1. Suchen Sie sich **einen Topf, der groß genug ist,** um genügend Wasser zu fassen und Ihnen auch noch Raum zu lassen, die Nudeln umzurühren, ohne dass diese auf der Herdplatte landen.
2. Füllen Sie genügend Wasser in den Topf. Als Faustregel gilt: **Es braucht mindestens einen Liter Wasser pro 100 Gramm Nudeln.**
3. **Bringen Sie das Wasser zum Kochen.** Setzen Sie dafür den Deckel auf den Topf, das spart Zeit, Energie und Geld.
4. Erst sobald das Wasser kocht, wird es ausgiebig gesalzen. Rechnen Sie mit **10 Gramm grobem Salz pro Liter Wasser.** Also, nur nicht sparen!
5. Nun kommen die Nudeln ins kochende Wasser. **Lange Nudeln stellt man in den Topf,** wartet ein paar Augenblicke, bis sie weich genug sind, und biegt sie mit dem Kochlöffel, bis sie gänzlich im Wasser untergehen. Und merken Sie sich: Wer Spaghetti auseinanderbricht, bricht Italienern das Herz.
6. Egal, welche Form die Nudeln haben: **Rühren Sie ein paar Mal kräftig durch,** damit keine Nudeln zusammenkleben und Klumpen bilden.
7. Bei Trockenware finden Sie auf der **Verpackung** die Angabe der optimalen **Kochzeit.** Diese ist immer nur ein Richtwert, ohne die Nudeln zu kosten, sollte man sich darauf nicht verlassen.
8. Wichtig ist, dass das Wasser während der gesamten Garzeit **sprudelnd kocht,** die Temperatur sollte also nicht fallen.
9. **Ist die Pasta „al dente", bissfest also, wird sie abgeseiht.** Viele Rezepte sehen vor, dass die Nudeln noch in der Sauce fertig gekocht werden, damit sie möglichst viel Saucengeschmack aufnehmen. In diesem Fall werden die Nudeln kurz vor Ablauf der optimalen Garzeit abgeseiht, falls notwendig wird der Sauce ein **wenig Nudelkochwasser** zugegeben.

***Al dente?* Was ist das denn?**
Italiener lieben ihre Nudeln mit Biss, sie sollen also nicht zu Brei verkochen und auch nicht schmecken, als kaue man Gummibänder. Deshalb hat sich für die optimale Nudel-Konsistenz der Begriff „al dente", also bissfest eingebürgert. **Wann aber sind Nudeln *al dente?***
Um zu wissen, ob Nudeln optimal gekocht sind, wirft man diese nicht in der Küche herum, sondern kostet. Gegen Ende der auf der Nudelpackung angegebenen Kochzeit fischt man also eine Nudel aus dem Topf und beißt davon ab. Sie soll beim Kauen fest, aber nicht hart sein.
Weil auch das schwer abzuschätzen ist, kontrolliert man die Bissstelle. Ist **der Kern der Nudel minimal weiß,** ist das perfekt. Ist der weiße Kern dagegen noch zu groß, kocht man die Nudeln eine Minute länger und beginnt den Kostvorgang von vorn.

Geschmack und mehr: Pastasaucen

Damit Pastagerichte eben das werden, Gerichte nämlich, genügt die Pasta nicht. Zwar bilden die Teigwaren die Grundlage jedes Pastagerichts, für Vielfalt, Geschmack und Farbe sorgen allerdings die Saucen. Und davon gibt es wohl weit mehr, als das Jahr Tage hat.
Ohne deshalb auf alle Möglichkeiten, Versionen und Varianten einzugehen, geht es uns hier um eine kurze Kategorisierung der Saucen. Und selbst die fällt wegen der enormen Vielfalt schwer. Aber versuchen wir es trotzdem ...

Tomatensaucen

Der Pastaklassiker schlechthin sind Nudeln mit **Tomatensauce** *(Sugo al pomodoro)*. Sie sind schnell zubereitet, kommen mit wenigen Zutaten aus (Tomaten, Zwiebeln, Olivenöl, Basilikum) und sind auch wegen dieser Einfachheit köstlich. Klar ist: Gerade ein so einfaches Gericht steht und fällt mit der Qualität der Zutaten, hier also vor allem jener der Tomaten. Am besten ist eine Tomatensauce natürlich dann, wenn man sonnengereifte Tomaten zur Verfügung hat. Sie sorgen für ein intensives, fruchtiges Aroma und haben wenig störende Säure.
Deshalb unterscheidet sich die Zusammensetzung des Saucen-Klassikers auch je nach Jahreszeit. So verwenden wir im Sommer und Herbst am liebsten **San-Marzano-Tomaten,** also längliche Eier-

Die klassischste aller Saucen: die Tomatensauce

tomaten, die die richtige Konsistenz und ein optimales Zucker-Säure-Verhältnis haben. Weil dieses in den kalten Monaten bei frischer Ware (also jener aus dem Treibhaus) nicht gewährleistet werden kann, setzen wir im Winter auf **geschälte Tomaten aus der Dose *(Pelati),*** wobei die besten davon entweder aus dem neapolitanischen Raum stammen oder aus der Umgebung von Parma.
Die klassische Tomatensauce kann einerseits selbst Hauptdarsteller eines köstlichen Gerichts sein, sie bildet andererseits auch die Basis für unzählige andere Pastasaucen. So kann man der Tomatensauce etwa mit **Melanzane-Würfeln** mehr Struktur geben, mit **Garnelen** einen Touch Meer in die Sauce zaubern oder mit **Speck** und **Pecorino** einen weiteren Klassiker schaffen: den **Sugo all'amatriciana.**

Pesto alla genovese

Kräuter- und Gemüsesaucen

Tomaten gehören zum Obst, deshalb ist die Unterscheidung zwischen Tomaten- und Gemüsesaucen – streng botanisch – in Ordnung. Auch kulinarisch ergibt sie Sinn, erlauben Kräuter- und Gemüsesaucen doch noch einmal sehr viel mehr Vielfalt, mehr Farben, mehr Aromen, als es die Konzentration auf Tomaten tut.
Natürlich fällt es oft nicht ganz leicht, die Grenze zu ziehen. So bildet, wie wir im Abschnitt zuvor bereits gesehen haben, die Tomatensauce oft die Grundlage für Gemüsesaucen, indem etwa **Melanzane, Zucchini oder Peperoni** zugegeben werden.
Konzentrieren wir uns hier also auf die Kräuter- und Gemüsesaucen, die für sich stehen und zu den absoluten Klassikern der italienischen Küche gehören, beginnend mit dem **Pesto.** Im Grunde bezeichnet der Pesto jede kalte Pastasauce, die im Mörser zubereitet wird. Vor Augen haben wir dabei meist den **klassischen Pesto alla genovese,** den Pesto aus Genua also, in dem Basilikum, Pinienkerne, Olivenöl, Knoblauch, Parmesan und/oder Pecorino die Hauptzutaten sind.

Pesto: Mehr als nur Basilikum

Wer glaubt, die Bezeichnung „Pesto" (pestato: „zerstoßen") beziehe sich allein auf die kalte Basilikum-Sauce aus Genua, irrt. Statt des Basilikums kann man auch Bärlauch oder Kerbel, Petersilie oder Rucola verwenden. Frische und getrocknete Tomaten eignen sich ebenso, Kapern, Walnüsse oder Oliven idem. Übrigens: Wollen Sie Ihren Pesto nicht gleich essen, sollten Sie den geriebenen Käse zunächst weglassen und erst über die fertigen Nudeln streuen.

In die Kategorie der Kräuter- und Gemüsesaucen fallen noch zwei Klassiker, die wir kurz anschneiden wollen, weil sie Pastavarianten für ganz Eilige sind. Da ist zum einen die Variante **aglio, olio e peperoncino,** ein einfaches Gemisch aus Olivenöl, Knoblauch und Chili, das allerdings gehörig am Gaumen brennt. Und die Sauce für **Pasta burro e salvia** kommt sogar mit nur zwei Hauptzutaten aus: Butter und Salbei.

Fleischsaucen

Auch für all diejenigen, die Fleisch mögen, hält die italienische Pastaküche eine Reihe von Saucen bereit. Die wichtigste und bekannteste ist das **Ragù alla bolognese,** die Bologneser Sauce also, deren Protagonist Hackfleisch ist. Klassisch sind Rind- oder Schweinefleisch, so manch einer verarbeitet aber auch Lammfleisch zu einem ganz besonderen Ragout.

Häufig wird die Bolognese auch „Fleischragout" genannt.

Zwei Tipps für die beste „Bolognese"

Das Rezept für das Ragù alla bolognese, diesen Klassiker aus der Emilia-Romagna, finden Sie weiter hinten im Buch (siehe Seite 34), hier seien nur zwei Tipps vorweggenommen:

1. **Nehmen Sie sich für die Zubereitung Zeit!** Nur wenn die Sauce langsam und lange köchelt, können alle Zutaten ihr volles Aroma entfalten und sich zu dem verbinden, was diesen Star der italienischen Küche ausmacht.
2. **Sparen Sie nicht am Wein!** Wir meinen damit nicht die Menge, raten Ihnen also nicht, Ihre „Bolognese" in Wein zu ersäufen. Vielmehr sollten Sie einen guten, dunklen, kräftigen Rotwein verwenden.

Eine interessante Variante zur „Bolognese" ist das **Ragù bianco,** eine Fleischsauce also, die aus zwei Gründen „weiß" ist. Zum einen kommt sie ohne Tomaten aus, zum anderen werden weiße Fleischsorten verwendet: Hühnchen etwa, aber auch Truthahn, Kaninchen oder Kalb.
Schließlich würden wir noch einen weiteren Klassiker in die Kategorie der Fleischsaucen reihen, auch wenn Fleisch – in Form von Speck **(guanciale)** – in der **Carbonara** zwar nicht die Hauptrolle spielt, ihr

Spaghetti alla carbonara
(Rezept siehe Seite 190)

aber die nötige Würze und zusätzlichen Biss verleiht. Übrigens: Wer zurück zu den Ursprüngen will, bereitet seine Carbonara ohne Sahne zu (siehe Seite 190). Die nötige Flüssigkeit liefern in dieser Ur-Form ausschließlich die Eier. Sehr viele davon.

Schicht für Schicht
Ragout, Béchamel, Teigblätter: Einen der großen Klassiker der italienischen Küche genießt man Schicht für Schicht. **Pasticcio di lasagne** (oder kurz auch nur „Lasagne") darf auf keiner Speisekarte fehlen, wobei der Name selbst schon Programm ist. Als „Lasagne" werden die dünnen Teigblätter aus Hartweizengrieß bezeichnet, die dem Gericht Struktur und Konsistenz verleihen, „Pasticcio" steht für das Schichten, dank dessen sich jeder Koch fühlt, als wäre er ein Baumeister. Übrigens: Lasagne lässt sich hervorragend auch am Tag zuvor zubereiten, im Kühlschrank hält sie sich bestens. Dann einfach ab ins Rohr und genießen.

Fischsaucen

Italiens Küste ist nicht weniger als 7600 Kilometer lang, kein Wunder also, dass die Schätze des Meeres Einzug in verschiedenste Pastasaucen gehalten haben. Je nachdem, ob nun Fisch oder Meeresfrüchte verarbeitet werden, gibt es drei Basis-Varianten der Fisch- oder besser Meeressaucen.
Die erste ist die **Fischsauce** *(Sugo di pesce)* aus gemischtem Fisch (und gegebenenfalls ein paar Garnelen). Verarbeitet werden unterschiedlichste Fischarten, was seinen Ursprung wohl im Fang des Tages hat. So eignen sich weit verbreitete Fische wie Triglie, Knurrhahn, Drachenkopf ebenso wie wertvolle, also etwa Thun- oder Schwertfisch.

Bigoli mit Calamari (Rezept siehe Seite 132)

Wenn man sich weniger auf das konzentriert, was im Meer schwimmt, und stattdessen all das ins Auge nimmt, was dort kreucht und fleucht, kommt man zu den beiden Basisvarianten mit Meeresfrüchten. Ihre Unterscheidung ist allerdings etwas für Experten. Während für die Sauce der **Spaghetti ai frutti di mare** Kopffüßer (also beispielsweise Tintenfische), Krebstiere und Küstenfische verarbeitet werden, fehlt in jener für die **Spaghetti allo scoglio** der Fisch. Dafür werden in der Scoglio-Variante auch Muscheln verwendet.

Welche Nudeln zu welcher Sauce?

Die Vielfalt italienischer Pastasorten und -formen ist sagenhaft. Und um die Sache noch zu verkomplizieren, wartet jede Region mit ihren ganz eigenen Spezialitäten auf. Deshalb kann man die Frage, **welche Nudeln man zu welcher Sauce wählt,** einfach beantworten oder auch komplexer. Die einfache Antwort lautet meist: Schauen wir mal, was der Vorratsschrank hergibt.

So praktisch diese Herangehensweise auch sein wird, kulinarisch ist sie die falsche, weil wir nur **mit der richtigen Pastasorte das gesamte Potenzial der Pastagerichte** ausschöpfen. Nun ist die Wahl der richtigen Sorte allerdings eine Wissenschaft für sich, die den Umfang eines Kochbuchs sprengen würde. Deshalb versuchen wir, Ihnen hier die Auswahl anhand einer Grund- und zweier Faustregeln zu vereinfachen.

Was ist eigentlich Pasta asciutta?

„Pastaschutta" ist für viele Kinder in Südtirol das erste italienische Wort, mit dem sie in Kontakt kommen – ohne eigentlich zu wissen, dass es italienisch ist. Bezeichnet werden damit landläufig Spaghetti mit Ragout, Parmesan und einem Butterröllchen. Nur: „Pasta asciutta" ist weit mehr als das. Und es ist auch kein Gericht, sondern **eine Methode der Zubereitung.** Immer dann, wenn Nudeln gekocht, abgeseiht und damit „trocken" *(= asciutta)* in die Sauce kommen, sprechen Italiener von „Pasta asciutta". Sie ist damit das Gegenstück zu all jenen Nudelgerichten, bei denen die Nudeln in der Sauce fertiggekocht werden.

Die Grundregel: Nudel fertig, Sauce fertig

Bewusst oder unterbewusst gilt für italienische Pastaliebhaber, dass **die gesamte Sauce mit den Nudeln gegessen werden soll.** Klingt logisch, oder? Es soll, so die Philosophie, keine Sauce im Teller bleiben, wenn man die Nudeln aufgegessen hat, weil die Nudeln sonst nicht das volle Aroma der Sauce transportieren konnten.

Aus dieser Grundregel leitet sich die Erkenntnis ab, dass **die Sauce irgendwie an den Nudeln haften muss,** damit sie gleichzeitig mit den Nudeln in den Mund des Essers gelangt – und das ohne Löffel. Nur so stellt man sicher, dass Nudel und Sauce eine Einheit bilden und nicht gegessen werden wie Gericht und Beilage. Also: Schauen wir uns die Frage der Haftung genauer an.

☞ 1. Faustregel: Je flüssiger die Sauce, desto mehr Struktur braucht die Nudel

Je flüssiger die Sauce, desto weniger bleibt diese an den Nudeln haften. Deshalb haben findige Köchinnen und Köche Nudeln entworfen, deren Struktur für die nötige Aufnahme der Sauce sorgt. So sind sehr viele Pastasorten **geriffelt *(rigate)*** und zusätzlich dazu mit einem Loch versehen. **Penne, Rigatoni, Garganelli, Pipe, Conchiglie:** Sie alle sind nur ein kleiner Teil der Nudelsorten mit Loch, die in ihrem Inneren eine ganze Menge Pastasauce transportieren können.

Komplizierte Maccheroni

Die in Südtirol so beliebten Maccheroni sind ein Kuriosum. Im deutschen Sprachraum und weit darüber hinaus sind sie die klassischen röhrenförmigen Nudeln (eigentlich **Tortiglioni),** während „Maccheroni" in Italien nicht für einen Nudeltyp steht. Die Betonung liegt dabei auf „einen", variiert das, was man unter „Maccheroni" versteht, doch von Region zu Region. Die Palette reicht dabei von Maccheroni aus Kalabrien, die lang und mit einem sehr kleinen Loch versehen sind, über jene aus der Basilikata, die wie Spaghetti mit einem quadratischen Querschnitt aussehen, bis zu jenen aus den Marken, die feinsten Tagliatelle ähneln.

Auch **Fusilli** sind ein Beispiel für Nudeln mit Struktur. Ihre Spiralform bietet Zwischenräume, die als Saucen-Parkplatz dienen. Und weil man Nudeln in Italien partout nicht mit dem Löffel isst, haben die Erfinder der **Orecchiette** die Löffelform gleich in der Pasta verbaut und damit für jede Menge Saucen-Stauraum gesorgt.

Bronzezeit

Als Qualitätsmerkmal liest man auf italienischen Nudelsorten oft **trafilata al bronzo.** Bei solchen Nudeln wurde der Teig durch Bronzeformen gepresst, während sonst Formen aus Teflon zum Einsatz kommen. Der Unterschied liegt darin, dass die raue Bronze der Nudel mehr Struktur verleiht, ihre Oberfläche rauer und sie somit aufnahmefähiger für Saucen macht.

Während flüssigere Saucen also nach Nudeln mit Struktur (und häufig mit Loch) verlangen, bieten sich zu öligen, sämigen Saucen glatte, einfache Nudelsorten an. Diese Saucen haften an den Nudeln, weshalb diese auch stets darin geschwenkt werden, bevor sie auf den Teller kommen. Durch das Schwenken werden Nudeln und Sauce eine Einheit. Was aber sind nun glatte, einfache Nudelsorten? **Spaghetti** in all ihren Stärken (3 oder 5 oder 7), aber auch **Tagliatelle, Tagliolini, Fettuccine, Linguine** oder **Pappardelle.**

☞ 2. Faustregel: Je komplexer die Sauce, desto größer die Nudeln

In Italien unterscheidet man grundsätzlich zwischen **Pasta lunga und Pasta corta,** zwischen langen und kurzen Nudelsorten also. Dabei bevorzugt man lange Nudeln dann, wenn die Sauce komplex, würzig und üppig ist. Tagliatelle oder Fettuccine etwa sind ideal für **Wildragout, Pilz- oder Nusssaucen, Käse- oder Trüffelsaucen.**

Zur Pasta lunga gehören natürlich auch **Spaghetti, Vermicelli, Bucatini** oder **Linguine,** die ebenfalls mit würzigen, aromatischen Saucen kombiniert werden, darunter vor allem **Saucen mit Fisch und Meeresfrüchten.** Auch zum **Pesto** werden häufig Spaghetti serviert, ebenso zu Saucen mit kräftigem Aroma: einer **„Bolognese"** etwa, der **Carbonara,** Saucen mit **Sardellen** oder **Kapern** oder die klassischen **Spaghetti aglio, olio e peperoncino.**

Kürzere Nudeln passen dagegen bestens zu leichteren, frischeren Saucen. **Tomaten- und Gemüsesaucen** vertragen sich etwa bestens mit **Fusilli,** während **Farfalle** und **Penne** meist für kalte Saucen herangezogen werden, etwa zur **Salsa cruda** aus frischen Tomaten, Oliven und kaltem Gemüse.

Um Ihnen die Auswahl zu erleichtern, finden Sie in den Saucen-Rezepten in diesem Buch stets einen **Hinweis auf die Nudelsorte, die optimal zur Sauce passt.** Und Sie werden sehen: Nur selten empfehlen wir nur eine einzige Nudelsorte für ein Gericht, viel häufiger bieten wir Ihnen eine Auswahl. Aber keine Angst: Sie schränkt die Unzahl italienischer Nudelsorten auf maximal eine Handvoll ein.

Frisch, trocken, bunt

Nicht nur anhand ihrer Formen unterscheidet sich die Pasta. Vielmehr lassen sich größere Kategorien bilden, wobei die am weitesten verbreitete die Trockenware ist. **Getrocknete Nudeln** *(Pasta secca)* sind jene, die man im Supermarktregal findet. Sie sind unkompliziert und lange haltbar. Bei **frischen Teigwaren** *(Pasta fresca all'uovo)* ist der Teig dagegen (noch) weich, sie sollten möglichst bald gekocht werden. **Vollkornnudeln** bestehen, wie der Name schon sagt, aus Vollkornmehl, enthalten also alle Bestandteile des Getreidekorns und damit neben Kohlenhydraten auch Vitamine, Mineralien und Ballaststoffe. Im Vergleich zu Weizenpasta haben Vollkornnudeln allerdings einen leichten Eigengeschmack, der gewöhnungsbedürftig ist. Zu guter Letzt werden jede Menge **bunte Nudeln** angeboten. Mit Zutaten wie Petersilie oder Spinat kann die ansonsten weiß-gelbliche Pasta grün gefärbt werden, kräftig gelbe Nudeln enthalten Safran, rötliche werden mit Rohnen gefärbt, schwarze mit Sepia-Tinte.

Gut verpackt

In Italien nicht minder beliebt als klassische Nudelgerichte ist **gefüllte Pasta,** Nudeln also, die ihre Sauce sozusagen schon in sich tragen. **Tortellini** (siehe Seite 44), **Tortelloni, Fagottini** (siehe Seite 43), **Cappellini:** Die Vielfalt ist enorm, die Bezeichnungen variieren nicht nur regional, sondern auch je nach Füllung und Form. Die Klassiker schlechthin sind wohl **Tortellini,** deren Hochburg die Emilia-Romagna ist. Dafür werden Teigquadrate ausgestochen, mit einer **Mischung aus Schweinefleisch, Parmaschinken, Mortadella** und **Parmesan** gefüllt, zusammengeklappt und – im wahrsten Sinne des Wortes – um den Finger gewickelt. So entsteht die klassische Ringform der kleinen Wundertüten. Gekocht werden Tortellini übrigens nur relativ kurz.

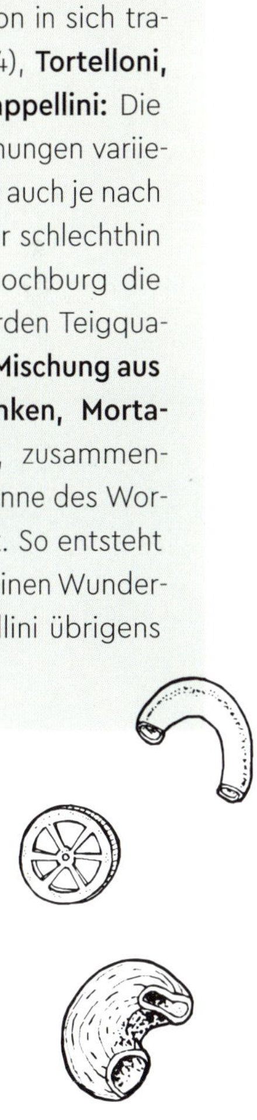

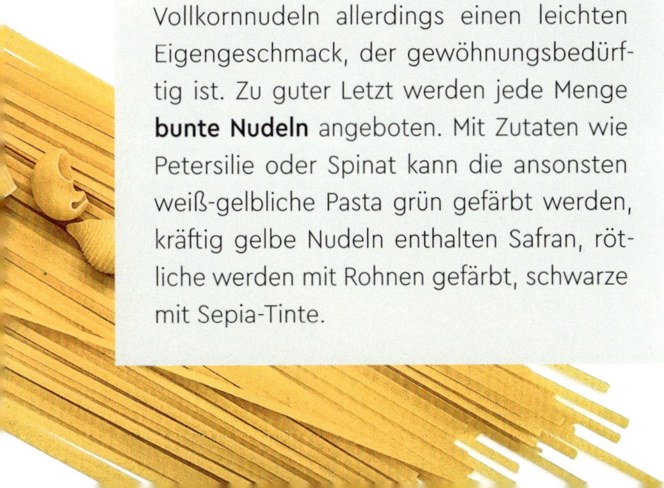

Fusilloni
Gnocchi sardi
Orecchiette
Farfalle
Sedani rigati
Penne rigate
Conchiglie
Paccheri
Pipe rigate
Lasagneblätter

Garganelli
Mezze maniche rigate
Tagliatelle
Fusilli
Spaghetti integrali
Linguine
Cavatappi
Spaghetti
Stelline
Tortiglioni
Casarecce
Pappardelle

Nudeln selber machen

Wer dem Pastagenuss die Krone aufsetzen möchte, stellt Nudeln selbst her. Das klingt nach jeder Menge Arbeit, Aufwand und Kosten, ist bei genauerem Hinsehen aber nicht nur einfach, sondern zudem ein Schritt hin zu wirklich einzigartigen Gerichten.

Ganz kurz zu den Zutaten ...

Die Rezepte für die Grundteigarten finden Sie bei den Rezepten in diesem Buch, wir brauchen hier also nicht weiter darauf einzugehen. Allerdings ist es uns wichtig, Ihnen ein paar Hinweise zu den einzelnen Zutaten mit auf den Weg zu geben:

- **Das Mehl:** Klassische italienische Nudeln bestehen aus Weizenmehl, wobei man bei den Grundteigen zwei Arten unterscheidet. Hartweizengrieß ist gemahlenes Hartweizenmehl und liegt den meisten klassischen Pastasorten zugrunde. Für Eierteig verwendet man dagegen Weichweizenmehl, also feinstes Weizenmehl.
- **Die Eier:** Dass man bei der Auswahl der Eier besonders vorsichtig sein sollte, betonen wir immer wieder. Zwei Dinge sind uns wichtig: Erstens sollten Sie ausschließlich Eier aus Freilandhaltung kaufen. Und zweitens sollten Sie Wert auf regionale Herkunft legen: Das garantiert Frische und kurze Transportwege.
- **Das Salz:** Unser Tipp ist, Nudelteige nicht zu salzen, weil man dadurch riskiert, dass der Teig oxidiert, also grau wird. Wenn Sie nun Angst haben, dass die Nudeln ohne Salz fad schmecken ... na ja ... müssen Sie nicht. Es genügt, wenn man das Wasser, in dem die Nudeln kochen, ausgiebig salzt.

Was braucht man an Hardware?

Nudeln zu Hause zu machen, ist nicht schwer, und es braucht auch keine voll ausgestattete Profiküche. Im Gegenteil: Mit ein paar wenigen Basisutensilien, die Sie eh schon in Ihrer Küche haben, kommt man über die Runden. Und mit wenigen kleinen Anschaffungen macht man sich das Leben leichter.

- **Nudelbrett:** Um die ausgetriebenen Nudeln vor dem Kochen bereitzulegen, sollte man ein Nudelbrett zur Verfügung haben. Sparen Sie dabei nicht an der Größe: Je größer das Nudelbrett, desto weniger chaotisch wird es beim Nudelmachen.
- **Nudelmaschine:** Noch bequemer als das Nudelholz ist eine Nudelmaschine. Sie besteht aus Walzen, zwischen denen der Teig ausgerollt wird. Die Entfernung zwischen den Walzen kann eingestellt werden, womit man die Stärke des Teigblatts regelt. Am bequemsten sind Nudelmaschinen, bei denen ein Motor die Walzen antreibt, es gibt aber auch solche, die man manuell bedient.
- **Nudelholz:** Um den Nudelteig möglichst fein auszurollen, verwendet man ein Nudelholz, das – wie der Name schon sagt – aus Holz, beschichtetem Kunststoff oder Marmor bestehen sollte. Wichtig ist, dass das Nudelholz schwer ist, damit Sie weniger Druck ausüben müssen.
- **Teigrädchen:** Um Teigblätter in Form zu schneiden, verwendet man Teigrädchen mit glattem und mit gezacktem Rand (je nach gewünschter Pastaform).
- **Ausstechformen:** Die Funktion der Teigrädchen übernehmen bei gefüllten Teigwaren oft Ausstechformen, mit denen man Ravioli, Tortelli oder Tortellini unterschiedlichste Formen geben kann.
- **Spritzsack:** Ein Spritzsack mit weiter, glatter Tülle kommt beim Befüllen gefüllter Teigwaren (Ravioli, Tortelloni ...) zum Einsatz. Die Füllmasse kann so auf den ausgestochenen oder ausgeradelten Teigformen platziert werden. Haben Sie keinen Spritzsack zur Hand, verwenden Sie einen Teelöffel.

- **Pinsel:** Damit sich Ihre gefüllten Teigwaren im blubbernden Wasser nicht in Wohlgefallen auflösen, müssen Sie darauf achten, sie sorgfältig zu verschließen. Dafür werden die Teigränder mit Wasser oder Eiweiß bepinselt.

Achtung: Verwendet man nur Ei zum Bestreichen, wird der Teigrand logisch dicker und braucht länger zum Kochen!

Ab in den Ofen
Um Abwechslung zu schaffen, gibt es neben den klassischen gekochten auch gratinierte Nudelgerichte, also solche, die **zur Vollendung ins Backrohr müssen. Die bekanntesten sind mit Sicherheit Lasagne und Cannelloni. Während Lasagne die flach geschichtete Variante** darstellen, sind **Cannelloni** große Röhrennudeln, die gefüllt und danach mit Béchamel und Tomatensauce überbacken werden. Die Füllung variiert dabei je nach Region und Geschmack, der Klassiker wird mit Fleischfüllung (Ragout), Spinat, Radicchio oder Ricotta gefüllt. Lasagne und Cannelloni sind allerdings nicht die einzigen gratinierten Nudelvarianten, es gibt unzählige andere. Wichtig zu wissen ist nur, dass man die **Nudeln etwa halb so lang im Salzwasser kocht,** wie auf der Packung als Kochzeit angegeben ist, bevor sie in den Ofen kommen.

Wie lagert man Pasta?

Wenn Sie sich schon die Mühe machen, Pasta von Hand zu machen, haben wir auf die Frage, wie man frische Pasta am besten lagert, eine einfache Antwort: am besten gar nicht. Glauben Sie uns: Der Genuss ist am größten, wenn die Nudeln sofort gekocht werden.

Ist das nicht möglich, gibt es drei Arten des Haltbarmachens:

- Muss man nur eine kurze Zeit überbrücken, genügt es, die frische Pasta **auf eine leicht bemehlte Unterlage wie Nudelbrett, Teller, Plateau ...** zu geben. Decken Sie die Nudeln ab und stellen Sie sie kühl!
- Liegen mehrere Stunden zwischen der Zubereitung der Nudeln und deren Kochen, lohnt es sich, die Pasta **an der Luft zu trocknen.** Man tut dies am besten auf einem Gitter, einem Tablett oder einem Gestänge zum Aufhängen.
- Bereitet man größere Mengen Pasta zu, kann man diese auch über längere Zeit haltbar machen, indem man sie **einfriert.** Dafür sollte man die Teigwaren sorgfältig ausbreiten, schockgefrieren, danach in luftdichte Behälter und noch einmal in den Gefrierschrank packen.

Nudelteige & Grundsaucen
Schritt für Schritt

EIERNUDELTEIG

4 Personen · 30 Minuten · mittel

100 g **Weizenmehl**
100 g **Hartweizenmehl**
4 **Eigelb** oder 2 Eier (100 g)
1 TL **Olivenöl**
Salz

1. Weizenmehl und Hartweizenmehl mit Eigelb, Olivenöl und etwas Salz vermischen und auf einem Tisch oder Nudelbrett zu einem geschmeidigen, aber doch relativ festen Teig verkneten.
2. Den Teig in Klarsichtfolie wickeln und **30 Minuten** ruhen lassen.

Pappardelle: Den Eiernudelteig mit der Nudelmaschine dünn ausrollen und das Teigblatt in 20 × 2 cm breite Pappardelle schneiden.

Tagliatelle: Den Eiernudelteig mit der Nudelmaschine dünn ausrollen und das Teigblatt in 20 × 1 cm breite Tagliatelle schneiden.

Fettuccine: Den Eiernudelteig mit der Nudelmaschine dünn ausrollen und das Teigblatt in 20 × 0,5 cm breite Fettuccine schneiden.

Tagliolini: Den Eiernudelteig mit der Nudelmaschine dünn ausrollen und das Teigblatt in 20 × 0,2 cm breite Tagliolini schneiden.

Maltagliati: Den Eiernudelteig mit der Nudelmaschine dünn ausrollen und das Teigblatt in 4 cm große Rauten schneiden.

Lasagneblätter: Den Eiernudelteig mit der Nudelmaschine dünn ausrollen und das Teigblatt in 10 × 8 cm große Rechtecke schneiden.

Runde Lasagneblätter: Den Eiernudelteig mit der Nudelmaschine dünn ausrollen und aus dem Teigblatt Kreise (Ø 8 cm) ausstechen

4 Personen · 30 Minuten · leicht

GEBRANNTER NUDELTEIG

200 g **Mehl**
2 **Eier** (100 g)
1 TL **Olivenöl**
Salz

1. 100 g Mehl in einer Pfanne bei trockener Hitze langsam und unter ständigem Rühren etwa **10 Minuten** rösten, bis es eine hellbraune Farbe hat.
2. Das gebrannte Mehl mit dem restlichen Mehl in eine Schüssel geben. Mit Eiern, Olivenöl und etwas Salz vermischen und auf einem Tisch oder Nudelbrett zu einem geschmeidigen, aber relativ festen Teig verkneten.
3. Den Teig in Klarsichtfolie wickeln und **30 Minuten** ruhen lassen.
4. Je nach Rezept weiterverarbeiten (siehe Varianten Seite 28).

SAFRAN-NUDELTEIG

Für **Malloreddus** (siehe Schritt für Schritt Seite 46)

250 g **feines Hartweizenmehl**
50 g **Mehl**
140 ml **Wasser**
1 EL **Olivenöl**
10 **Safranfäden**
Salz

1. Beide Mehlsorten mit Wasser, Olivenöl, Safranfäden und Salz vermischen. Auf einem Tisch oder Nudelbrett zu einem geschmeidigen Teig verkneten.
2. Den Teig in Klarsichtfolie wickeln und **30 Minuten** ruhen lassen.
3. Aus dem Teig gleich dicke Stränge (Ø 5 mm) formen und in 1 cm lange Stücke schneiden.

Gnocchi sardi: Die Teigstücke der Länge nach über ein Gnocchi-Brett rollen.

Malloreddus: Die Teigstücke der Länge nach mit dem Messerrücken andrücken.

WEISSER NUDELTEIG

Für **Spaghetti, Orecchiette** und **Pizzicotti**

200 g **Hartweizenmehl**
100 ml **Wasser**
1 EL **Olivenöl**
Salz

1. Hatzweizenmehl mit Wasser, Olivenöl und etwas Salz vermischen und auf einem Tisch oder Nudelbrett zu einem geschmeidigen, aber relativ festen Teig verkneten.
2. Den Teig in Klarsichtfolie wickeln und **30 Minuten** ruhen lassen.
3. Aus dem Teig gleich dicke Stränge (Ø 1 cm) formen und in 5 mm lange Stücke schneiden.

Orecchiette: Die Teigstücke mit den Daumen etwas flach drücken und wegrollen, damit sie die Form kleiner Ohren bekommen.

Pizzicotti: Die Teigstücke etwas flach drücken und mit drei Fingern zu kleinen Dreiecken formen.

4 Personen | 30 Minuten | leicht

BUCHWEIZEN-NUDELTEIG

120 g **feines Buchweizenmehl**
80 g **Mehl**
2 **Eier** (100 g)
1 TL **Olivenöl**
Salz

1. Buchweizenmehl und Mehl mit Eiern, Olivenöl und etwas Salz vermischen und auf einem Tisch oder Nudelbrett zu einem geschmeidigen, aber nicht zu festen Teig verkneten.
2. Den Teig in Klarsichtfolie wickeln und **30 Minuten** ruhen lassen.
3. Je nach Rezept weiterverarbeiten (siehe Varianten Seite 28).

VOLLKORN-NUDELTEIG

200 g **feines Vollkorndinkelmehl**
2 **Eier** (100 g)
1 TL **Olivenöl**
Salz

1. Vollkorndinkelmehl mit Eiern, Olivenöl und etwas Salz vermischen und auf einem Tisch oder Nudelbrett zu einem geschmeidigen, aber nicht zu festen Teig verkneten.
2. Den Teig in Klarsichtfolie wickeln und **30 Minuten** ruhen lassen.
3. Je nach Rezept weiterverarbeiten (siehe Varianten Seite 28).

ROGGEN-NUDELTEIG

120 g **Roggenmehl**
80 g **Mehl**
1 **Ei** (50 g)
50 ml **Wasser**
1 EL **Butter,** zerlassen
Salz

1. Roggenmehl und Mehl mit Ei, Wasser, Butter und etwas Salz vermischen und auf einem Tisch oder Nudelbrett zu einem geschmeidigen, aber relativ festen Teig verkneten.
2. Den Teig in Klarsichtfolie wickeln und **30 Minuten** ruhen lassen.
3. Je nach Rezept weiterverarbeiten (siehe Varianten Seite 28).

4 Personen · 30 Minuten · leicht

TOMATEN-NUDELTEIG

100 g **Mehl**
100 g **Hartweizenmehl**
1 **Ei** (50 g)
50 g **Tomatenmark**
1 TL **Olivenöl**
Salz

1. Mehl und Hartweizenmehl mit Ei, Tomatenmark, Olivenöl und etwas Salz vermischen und auf einem Tisch oder Nudelbrett zu einem geschmeidigen, aber relativ festen Teig verkneten.
2. Den Teig in Klarsichtfolie wickeln und **30 Minuten** ruhen lassen.
3. Je nach Rezept weiterverarbeiten (siehe Varianten Seite 28).

ROHNEN-NUDELTEIG

100 g **Mehl**
100 g **Hartweizenmehl**
50 g **Eigelb**
1 TL **Olivenöl**
Salz
50 ml **Rohnensaft**

1. Mehl und Hartweizenmehl mit Eigelb, Olivenöl, etwas Salz und Rohnensaft vermischen und auf einem Tisch oder Nudelbrett zu einem geschmeidigen, aber relativ festen Teig verkneten.
2. Den Teig in Klarsichtfolie wickeln und **1 Stunde** ruhen lassen.
3. Je nach Rezept weiterverarbeiten (siehe Varianten Seite 28).

SPINAT-NUDELTEIG

(siehe Schritt für Schritt Seite 40)

100 g **Mehl**
100 g **Hartweizenmehl**
1 **Ei** (50 g)
1 TL **Olivenöl**
50 g **gekochter Spinat,** fein püriert
Salz

1. Mehl und Hartweizenmehl mit Ei, Olivenöl, Spinatpüree und etwas Salz vermischen und auf einem Tisch oder Nudelbrett zu einem geschmeidigen, aber doch relativ festen Teig verkneten.
2. Den Teig in Klarsichtfolie wickeln und **1 Stunde** ruhen lassen.
3. Je nach Rezept weiterverarbeiten (siehe Varianten Seite 28).

TOMATENSAUCE

4 Personen | 20 Minuten | leicht

1 **Zwiebel**
500 g **frische Tomaten** (z. B. San-Marzano-Tomaten) oder Tomaten aus der Dose
1 **Knoblauchzehe,** fein gehackt
2 EL **Olivenöl**
Salz
Pfeffer aus der Mühle
2 EL **Butter**
4 **Basilikumblätter,** fein geschnitten

1. Die Zwiebel schälen und in feine Würfel schneiden.
2. Tomaten waschen, häuten und in Stücke schneiden.
3. Zwiebel- und Knoblauchwürfel in Olivenöl dünsten.
4. Die Tomaten dazugeben, mit Salz und Pfeffer würzen und etwa **20 Minuten** leicht köcheln lassen.
5. Die Tomatensauce mit dem Handpassiergerät (Flotte Lotte) fein passieren und mit Butter und Basilikum abschmecken.

Gelbe TOMATENSAUCE

4 Personen | 20 Minuten | leicht

120 g **Schalotten** oder Zwiebeln
500 g **gelbe Tomaten**
1 **Knoblauchzehe,** fein gehackt
2 EL **Olivenöl**
Salz
Pfeffer aus der Mühle
2 EL **Butter**
2 EL **Kerbel,** fein geschnitten

1. Die Schalotten schälen und in feine Würfel schneiden.
2. Tomaten waschen, häuten und in Stücke schneiden.
3. Schalotten und Knoblauch in Olivenöl dünsten.
4. Die Tomaten dazugeben, mit Salz und Pfeffer würzen und etwa **20 Minuten** leicht köcheln lassen.
5. Die Tomatensauce mit dem Handpassiergerät (Flotte Lotte) fein passieren und mit Butter und Kerbel abschmecken.

FLEISCHRAGOUT

Bolognese

Rezepte siehe Seiten 172 und 186

4 Personen | 20 Minuten | leicht

40 g **Zwiebeln,** fein geschnitten
20 g **Karotten,** in feine Würfel geschnitten
20 g **Sellerie,** in feine Würfel geschnitten
20 ml **Öl**
200 g **Rindsschulter,** grob faschiert
100 g **Schweineschulter,** grob faschiert
200 g **Tomaten,** geschält und in Würfel geschnitten
1 EL **Tomatenmark**
125 ml **Rotwein**
250 ml **Fleischsuppe** (siehe Seite 39) oder Wasser
1 **Rosmarinzweig**
1 **Salbeiblatt**
½ **Knoblauchzehe,** fein gehackt
Salz
Pfeffer aus der Mühle

1. Karotten-, Sellerie- und Zwiebelwürfel in Öl anschwitzen.
2. Fleisch dazugeben und mitdünsten, bis die Flüssigkeit verdampft ist (siehe Schritt für Schritt Seite 51).
3. Tomatenmark zufügen und mitrösten, bis es die gewünschte Farbe angenommen hat.
4. Mit Rotwein ablöschen und mit Fleischsuppe aufgießen. Die Tomaten zugeben und die Sauce etwa **1 Stunde** langsam köcheln lassen.
5. Mit Rosmarin, Salbei, Knoblauch, Salz und Pfeffer würzen und weitere **20 Minuten** kochen lassen.

Tipp **Sie können auch Tomaten aus der Dose verwenden.**

BOLOGNESE-RAGOUT
handgeschnitten

4 Personen | 20 Minuten | mittel

300 g **Rindsnuss** oder Schwein, Kalb, Lamm
20 ml **Öl**
125 ml **Rotwein**
300 ml **Tomatensauce** (siehe Seite 32/49)
1 TL **Rosmarin,** fein gehackt
1 TL **Salbei,** fein gehackt
1 EL **Petersilie,** fein geschnitten
½ **Knoblauchzehe,** fein gehackt
Salz
Pfeffer aus der Mühle

1. Das Rindfleisch in kleine Würfel schneiden.
2. In Öl kräftig anbraten und mit Rotwein ablöschen.
3. Die Tomatensauce dazugeben und etwa **10 Minuten** kochen lassen.
4. Mit Rosmarin, Salbei, Petersilie, Knoblauch, Salz und Pfeffer würzen und je nach Rezept weiterverwenden.

Tipp **Sie können die Tomatensauce auch durch geschälte und in Würfel geschnittene Tomaten ersetzen.**

BÉCHAMELSAUCE

4 Personen 20 Minuten leicht

30 g **Butter**
30 g **Mehl**
500 ml **Milch**
Salz
1 Msp. **Muskatnuss,** gerieben
1 **kleines Lorbeerblatt**

1. Butter schmelzen und Mehl mit einem Schneebesen einrühren. Etwas abkühlen lassen (siehe Schritt für Schritt Seite 47).
2. Milch mit Salz und Muskat würzen und erhitzen.
3. Die heiße Milch unter ständigem Rühren zur Mehlschwitze geben.
4. Wenn die Sauce schön glatt ist und eine sämige Konsistenz hat, das Lorbeerblatt zufügen und bei schwacher Hitze etwa **7 Minuten** kochen lassen.
5. Je nach Rezept weiterverarbeiten.

KRÄUTERÖL

Für 250 ml Kräuteröl 20 Minuten leicht vegetarisch

150 ml **Olivenöl**
100 ml **Sonnenblumenöl**
20 g **Petersilie**
20 g **Spinat**
20 g **Basilikum**

1. Oliven- und Sonnenblumenöl im Thermomix auf **80 Grad** erwärmen.
2. Petersilie, Spinat und Basilikum dazugeben und etwa **2 Minuten** mixen.
3. Das Öl durch ein feines Sieb seihen und auf Eiswasser schnell abkühlen lassen.
4. Das Kräuteröl in eine dunkle Glasflasche füllen und kühl und dunkel aufbewahren.

Tipps **Verwenden Sie für das Kräuteröl unbedingt ein Olivenöl, das nicht zu intensiv schmeckt. Sie können auf diese Weise auch andere Kräuteröle herstellen. Ersetzen Sie dazu das Basilikum durch Kerbel, Maggikraut, Petersilie, Dill, Estragon ...**

PARMESAN-ESPUMA

½ l Espuma, etwa 10 Personen | 20 Minuten | leicht

100 ml **Fleischsuppe** (siehe Seite 39)
100 ml **Sahne**
50 ml **Wasser**
Salz
Pfeffer aus der Mühle
250 g **Parmesan**

1. Fleischsuppe, Sahne, Wasser, Salz und Pfeffer kurz aufkochen.
2. Parmesan dazugeben und im Thermomix bei **60 Grad** etwa **5 Minuten** fein mixen.
3. Die Espuma in einen Siphon füllen, mit einer Sahnekapsel versetzen und im **60 Grad** heißen Wasserbad bis zur Weiterverwendung warm stellen.

FLEISCHFÜLLUNG

4 Personen · 50 Minuten · mittel

150 g **Kalbsschulter,** in Würfel geschnitten
300 g **Schweineschulter,** in Würfel geschnitten
2 EL **Öl**
30 g **Sellerie,** in Würfel geschnitten
50 g **Zwiebeln,** in Würfel geschnitten
1 EL **Tomatenmark**
30 ml **Weißwein**
250 ml **Fleischsuppe** (siehe Seite 39)
Salz
Pfeffer aus der Mühle
50 g **Mortadella**
1 TL **Rosmarin,** fein gehackt
½ TL **Salbei,** fein gehackt
50 ml **Sahne**
30 g **Parmesan,** gerieben

1. Das Fleisch im heißen Öl anbraten.
2. Sellerie- und Zwiebelwürfel dazugeben und mitbraten.
3. Tomatenmark zufügen und mit Weißwein ablöschen.
4. Mit Fleischsuppe aufgießen und mit Salz und Pfeffer würzen. Zugedeckt etwa **30 Minuten** dünsten lassen.
5. Mortadella, Rosmarin und Salbei zufügen und etwa **15 Minuten** fertig garen.
6. Alles in der Moulinette oder im Fleischwolf zerkleinern.
7. Die Masse gut mit Sahne und Parmesan verrühren.

Tipp **Auf diese Weise können Sie auch eine Geflügelfüllung herstellen. Ersetzen Sie das Kalb- und Schweinefleisch durch Hühnerkeulen und lassen Sie die Mortadella weg.**

FLEISCHSUPPE

1 l Suppe · 2 Stunden · leicht

600 g **mageres Rindfleisch** (Suppenfleisch) aus Brust oder Wade
3 l **kaltes Wasser**
1 **Zwiebel**
1 **Karotte**
½ **Tomate**
50 g **Stangensellerie**
50 g **Lauch** (1 kleine Stange)
1 **Petersilienstängel**
½ **Lorbeerblatt**
4 **Pfefferkörner,** zerdrückt
Salz

1. Suppenfleisch ins kalte Wasser geben und langsam zum Kochen bringen. Dabei mehrmals den Schaum und das Fett abschöpfen. Etwa **1 Stunde** kochen lassen.
2. Zwiebel mit Schale halbieren und die Schnittflächen in einer trockenen Pfanne bräunen.
3. Karotte, Tomate, Stangensellerie, Lauch und Petersilie putzen und waschen. Zusammen mit der Zwiebel, Lorbeerblatt und Pfefferkörnern zur Suppe geben. Mit etwas Salz würzen und etwa **1 Stunde** leicht kochen lassen.
4. Die Suppe durch ein Tuch seihen, entfetten und je nach Rezept weiterverwenden.

SPINATNUDELTEIG

Rezept siehe Seite 31

Weizenmehl, Hartweizenmehl und pürierten Spinat in eine Schussel geben.

Aufgeschlagenes Ei …

… sowie Olivenöl und Salz dazugeben.

Alles **gut vermengen.**

Auf der Arbeitsfläche zu einem geschmeidigen, aber doch relativ festen Teig **verkneten.**

Den Teig in Klarsichtfolie wickeln und etwa 30 Minuten **ruhen lassen.**
Nudelteig mit der Nudelmaschine mehrmals **dünn austreiben.**

TAGLIATELLE

Rezepte siehe Seiten 112 und 144

1 Nudelteig **dünn ausrollen** und die einzelnen Teigblätter mit Mehl **bestauben.**

2 Teigblätter **übereinanderlegen.**

3 Teigblätter **zusammenrollen.**

4 Teigblätter mit einem Messer in ½ cm breite **Streifen schneiden.**

5 Nudelstreifen mit den Händen **auflockern** und eventuell mit Mehl bestreuen.

6 Spinatnudeln **portionieren.**

RAVIOLI

Rezepte siehe Seiten 94, 156 und 160

1 Die Füllung in einen **Spritzbeutel** geben.

2 **Eiernudelteig** dünn ausrollen.

3 Etwas Füllung auf das Teigblatt geben und die Ränder mit **Wasser** besprühen.

4 Ein zweites Teigblatt darauflegen und um die Füllungen herum gut **festdrücken.**

5 Mit einem **Teigrad** Ravioli abradeln (Sie können die Ravioli auch mit einem Ausstecher ausstechen).

Alternative Ravioli

1 Sie können die klassischen Ravioli auch an den Teigenden **spitz zusammendrücken** ...

2 ... und gefaltete **Raviolitaschen** daraus formen.

RONDELLE

Rezept siehe Seite 68

1 Nudelteig mit der Nudelmaschine dünn ausrollen.

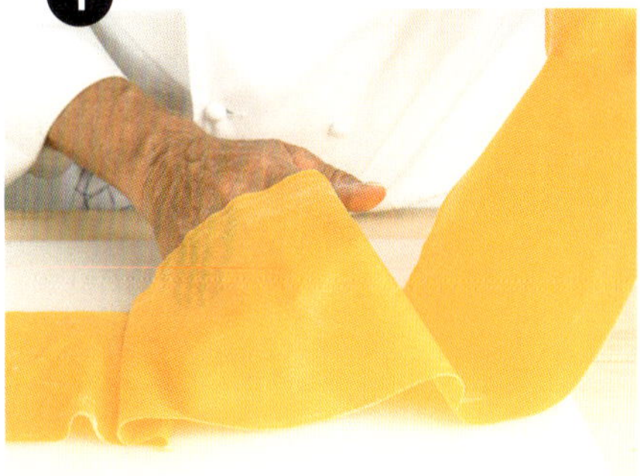

2 Füllung als Häufchen in regelmäßigen Abständen auf das Teigblatt spritzen.

3 Die Teigzwischenräume mit **Wasser** besprühen.

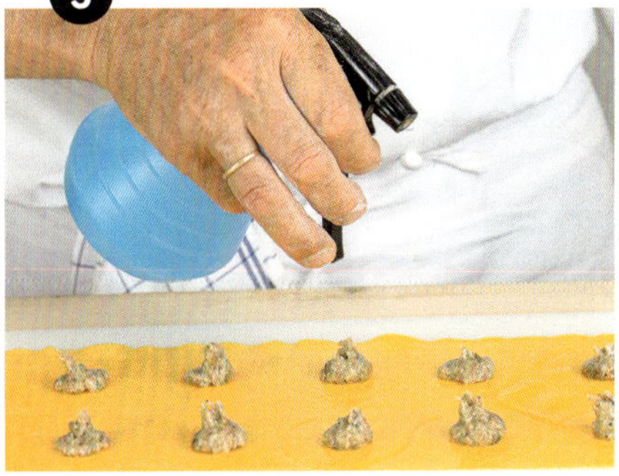

4 Mit einem gleich großen zweiten **Teigblatt** abdecken.

5 Mit den Fingern den Teig zwischen der Füllung fest **andrücken,** sodass keine Hohlräume mehr bleiben.

6 Mit einem **Ausstecher** runde Rondelle (4 cm Ø) ausstechen und die **Teigränder** gut andrücken.

1 Rondelle **zusammenklappen** und an den Enden zusammendrücken – schon entstehen **Fagottini.**

Fagottini

Rezept siehe Seite 196

TORTELLINI

Rezept siehe Seite 166

1 Aus dem Eiernudelteig **Quadrate** ausstechen oder den Teig in Quadrate schneiden.

2 **Füllung** mit einem Spritzbeutel in die Mitte der Quadrate setzen.

3 **Ecken** der Teigblätter dreieckig über der Füllung zusammenfalten.

4 **Ränder** gut festdrücken.

5 **Dreiecke** etwas einrollen.

6 Dreiecke **um den Finger** drehen.

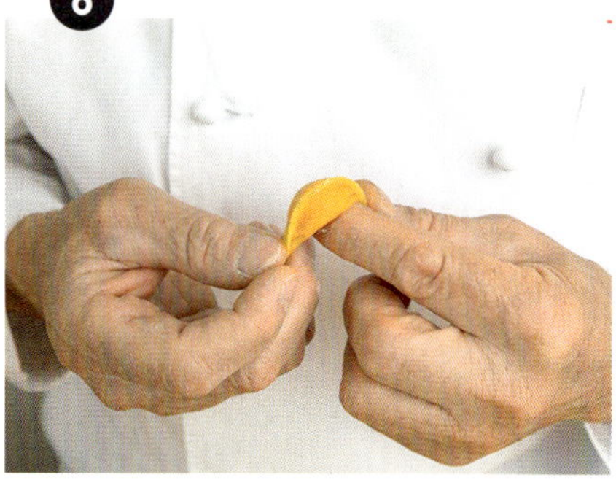

7 **Teigspitzen** gut zusammendrücken.

CANNELLONI

Rezept siehe Seite 174

1 Eiernudelteig **dünn ausrollen** und in Salzwasser kurz kochen.

2 **Gekochten Nudelteig** auf eine Arbeitsplatte legen.

3 **Füllung** in einen Spritzbeutel füllen und als Streifen auf die Teigblätter aufspritzen.

4 Teig in 8 cm lange Stücke schneiden und die Füllung darin **einrollen.**

GNOCCHI SARDI

Rezept siehe Seite 136

1 Den Teig durchkneten und zu einer **Kugel** formen.

2 Etwas **platt drücken.**

3 Mit dem Nudelholz etwa 5 mm dick **ausrollen.**

4 Den Teig mit einem Messer in etwa 5 mm dicke **Streifen** schneiden.

5 Auf der Arbeitsfläche gleichmäßig zu dünnen **Rollen** formen.

6 Teigstränge mithilfe einer speziellen **Gnocchi-sardi-Maschine** zu Gnocchi sardi formen.

Handgerollte Gnocchi sardi

Alternativ die Teigstränge in 1 cm lange Stücke schneiden und mit dem **Messerrücken** über die Arbeitsfläche oder ein Gnocchibrett rollen.

1

2

BÉCHAMELSAUCE

Rezept siehe Seite 36

1 Butter in einem Topf **schmelzen** lassen.

2 Das Weizenmehl dazugeben und mit dem **Schneebesen** bei schwacher Hitze …

3 … unter **ständigem Rühren** leicht anschwitzen, ohne dass es braun wird.

4 Die heiße Milch mit Salz würzen und **nach und nach** zum Mehl gießen. **Kräftig rühren,** damit sich keine Klümpchen bilden.

5 Einmal **aufkochen** lassen.

6 Mit Muskat **würzen** und Lorbeerblatt zugeben. Bei schwacher Hitze etwa **7 Minuten** unter ständigem Rühren köcheln lassen.

7 Die Sauce durch ein feines Sieb **passieren,** um eventuell noch vorhandene Klümpchen zu entfernen.

TOMATEN schälen

Tomaten vom Strunk befreien und die Haut mit einem Messer **kreuzweise einritzen.**

1

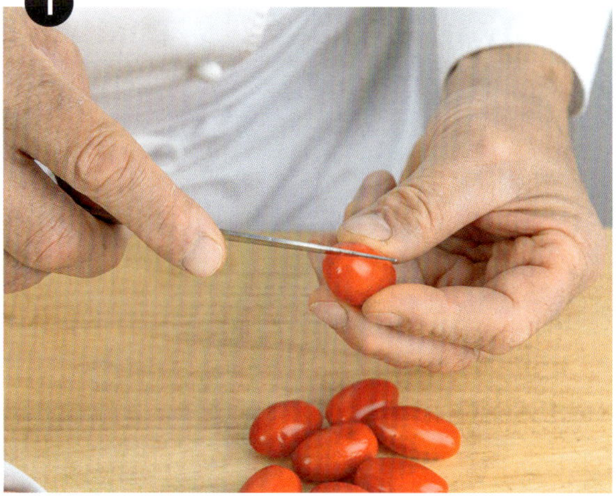

In kochendes Salzwaser geben und etwa **1 Minute blanchieren.**

2

Mit einer Schaumkelle herausnehmen und in Eiswasser **abschrecken.**

3

Die Haut von den Tomaten **abziehen.**

4

TOMATENSAUCE

Rezept siehe Seite 32

Tomaten **waschen** und in Stücke **schneiden.**

1

Olivenöl leicht erhitzen, Zwiebel- und Knoblauchwürfel darin farblos **anschwitzen.**

2

Tomaten dazugeben, mit Salz und Pfeffer **würzen** und etwa 30 Minuten leicht **köcheln lassen.**

3

Die Tomatensauce mit der Flotten Lotte (Handpassiergerät) **fein passieren.**

4

5

Mit Butter und Basilikum **abschmecken.**

BASILIKUMPESTO

Rezept siehe Seite 100

1 **Basilikum-** und **Petersilienblätter** waschen, mit Küchenkrepp trocken tupfen und in einen hohen Behälter geben.

2 **Knoblauch** und …

3 … **Pinoli** dazugeben.

4 **Olivenöl** zufügen.

5 Mit einem Pürierstab **fein mixen.**

6 Pesto mit geriebenem **Parmesan, Peperoncino, Salz** und **Pfeffer** abschmecken.

FLEISCHRAGOUT Bolognese

1 **Öl** in einem Topf erhitzen und **Karotten-, Stangensellerie-** und **Zwiebelwürfel** darin anschwitzen.

2 **Fleisch** dazugeben und mitdünsten, bis die Flüssigkeit verkocht ist.

3 **Tomatenmark** dazugeben und so lange miträsten, bis es die gewünschte dunkle Farbe hat.

4 Nach und nach mit **Rotwein** ablöschen, um die Farbe und den Geschmack noch zu verstärken.

5 Wenn die Flüssigkeit verkocht ist, mit **Fleischsuppe** aufgießen.

6 **Tomaten** dazugeben und die Sauce etwa **1½ Stunden** zugedeckt langsam köcheln lassen.

7 Kurz vor Ende der Garzeit Rosmarin, Salbei und Knoblauch dazugeben. Mit **Salz** und **Pfeffer** abschmecken und fertig kochen lassen.

VENUSMUSCHELN

Rezept siehe Seite 122

1 **Olivenöl** in einem Topf erhitzen, **Zwiebeln** …

2 … und **Knoblauch** darin farblos anschwitzen.

3 **Muscheln** gründlich waschen (beschädigte und geöffnete Muscheln entfernen, sie sind verdorben) und dazugeben. Mit **Weißwein** aufgießen und zugedeckt kurz aufkochen lassen. Alle Muscheln **aussortieren,** die sich nicht geöffnet haben, sie sind ebenfalls nicht mehr genießbar.

4 **Petersilie** dazugeben und kurz umrühren.

5 **Peperoncino** dazugeben, mit Salz und Pfeffer würzen.

OKTOPUS geschmort

Rezept siehe Seite 138

Olivenöl in eine Pfanne geben, **Oktopus** darin anbraten.

1

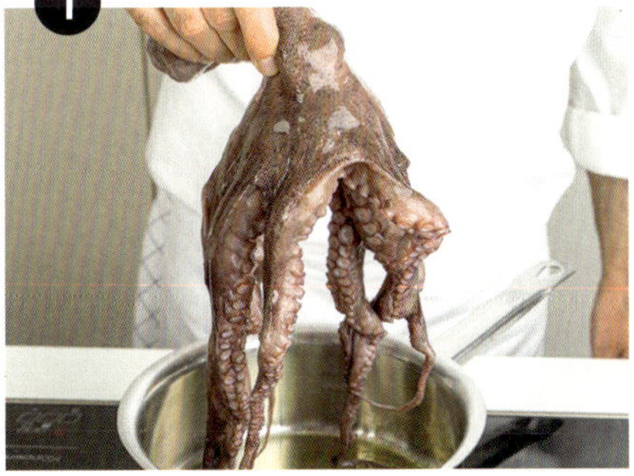

Mit **Weißwein, Tomatensauce** und Wasser aufgießen. Lorbeerblatt zufügen und mit **Salz** und **Pfeffer** würzen. Etwa **50 Minuten** schmoren lassen.

2

Oktopus aus der Schmorflüssigkeit nehmen.

3

Fangarme vom Körper trennen und alles in **mundgerechte Stücke** schneiden.

4

Vier Fangarme zum Garnieren etwas größer lassen.

5

Sauce durch ein Sieb passieren.

6

Den in Stücke geschnittenen Oktopus dazugeben.

7

Petersilie, Knoblauch und **Peperoni** unter die Sauce rühren und warm halten, bis die Nudeln gekocht sind.

8

56

58

60

68

70

72

80

82

84

92

94

96

104

106

108

Gemüse & Pilze

PENNE
mit Eigelb und Zucchini

4 Personen | 20 Minuten | leicht | vegetarisch

150 ml **Sahne**
2 **Eigelb**
2 EL **Parmesan,** gerieben
2 EL **Basilikum,** fein geschnitten
schwarzer Pfeffer aus der Mühle
Salz
150 g **Zucchini,** in Streifen geschnitten
100 g **Speck,** in Streifen geschnitten
1 **Knoblauchzehe,** fein geschnitten
1 TL **Kurkuma**
2 EL **Olivenöl**
400 g **Penne**
100 g **Mozzarellawürfel**
Basilikum
2 EL **Parmesanspäne**

1. Sahne mit Eigelb, Parmesan, Basilikum, Pfeffer und Salz verrühren.
2. Zucchini zusammen mit Speck, Knoblauch und Kurkuma in Olivenöl etwa **2 Minuten** leicht anbraten.
3. Die Penne nach Packungsanweisung in reichlich Salzwasser bissfest kochen.
4. Abseihen und zu den Zucchini geben.
5. Die Sahne-Eigelb-Mischung unterrühren und gut vermischen.
6. Mit Mozzarellawürfel, Basilikum und Parmesanspänen garniert sofort servieren.

Tipps **Sie können anstelle der Zucchini auch Kürbis oder Lauch verwenden. Servieren Sie dazu einen Blattsalat der Saison.**

Andere Nudelsorten

- > Fusilli
- > Fettuccine

BIGOLI
mit Steinpilzen

4 Personen | 20 Minuten | leicht | vegetarisch

200 g **Steinpilze**
100 g **Lauch**
½ **Knoblauchzehe,** fein gehackt
50 ml **Olivenöl**
100 ml **Fleischsuppe** (siehe Seite 39) oder Wasser
Salz
Pfeffer aus der Mühle
1 EL **Petersilie,** fein geschnitten
1 TL **Majoran,** fein geschnitten
50 g **Butter**
400 g **Bigoli**
Majoran

1. Steinpilze putzen und blättrig schneiden.
2. Lauch halbieren, waschen und in Blättchen schneiden
3. Olivenöl erhitzen und Lauch darin andünsten. Knoblauch und Pilze dazugeben und alles etwa **3 Minuten** dünsten.
4. Mit Fleischsuppe aufgießen und mit Salz und Pfeffer würzen.
5. Fein geschnittene Petersilie und Majoran zur Pilzsauce geben.
6. Nochmals kurz aufkochen lassen und die kalte Butter einrühren.
7. Die Bigoli nach Packungsanweisung in reichlich Salzwasser bissfest kochen und abseihen.
8. Die Sauce erhitzen und die Nudeln dazugeben. Mit Majoran garniert servieren.

Tipps **Sie können für die Sauce auch andere Pilze verwenden, z. B. getrocknete Steinpilze, Champignons, Pfifferlinge oder Shiitakepilze. Ersetzen Sie den Lauch durch Zwiebeln.**

Andere Nudelsorten
> Pappardelle
> Fettuccine

PIPE RIGATE
mit Pfifferlingen und Zitronenthymian

4 Personen | 20 Minuten | leicht | vegan

200 g **Pfifferlinge**
100 g **rote Zwiebeln,** in Streifen geschnitten
1 **Knoblauchzehe,** fein gehackt
60 ml **Olivenöl**
Salz
Pfeffer aus der Mühle
1 EL **Petersilie,** fein geschnitten
1 TL **Zitronenthymian,** fein geschnitten
400 g **Pipe rigate**
100 ml **Nudelkochwasser**
Zitronenthymian
50 g **Parmesanspäne**

1. Pfifferlinge putzen, blättrig reißen oder in Stücke schneiden.
2. Zwiebeln und Knoblauch in Olivenöl kurz anschwitzen. Pfifferlinge zufügen und alles etwa **5 Minuten** dünsten. Mit Salz und Pfeffer würzen.
3. Petersilie und Zitronenthymian zur Sauce geben.
4. Die Pipe rigate nach Packungsanweisung in reichlich Salzwasser bissfest kochen und abseihen.
5. Die Sauce erhitzen, Pipe rigate und Nudelkochwasser dazugeben und gut vermischen. Mit Zitronenthymian und Parmesanspänen garniert servieren.

Tipps **Sie können statt der Pfifferlinge auch Steinpilze, Champignons oder Shiitakepilze verwenden.**
Verfeinern Sie die Sauce noch mit etwas Taleggio oder Parmesan.

Andere Nudelsorten

- Bigoli
- Bavette

CASARECCE
Mamma rosa

4 Personen · 20 Minuten · leicht · vegetarisch

1 **Knoblauchzehe,** fein gehackt
20 g **Butter**
200 g **Tomatensauce** (siehe Seite 32/49)
100 ml **Sahne**
Salz
Pfeffer aus der Mühle
400 g **Casarecce**
2 EL **Parmesan,** gerieben
50 ml **geschlagene Sahne**
Oregano

1. Knoblauch in Butter dünsten.
2. Tomatensauce und Sahne dazugeben und etwa **3 Minuten** cremig einkochen.
3. Mit Salz und Pfeffer würzen.
4. Die Casarecce nach Packungsanweisung in reichlich Salzwasser bissfest kochen. Abseihen und in der Sauce schwenken.
5. Mit Parmesan verfeinern und mit geschlagener Sahne und Oregano garniert servieren.

Tipps **Sie können unter die Sauce auch 1 EL Basilikumpesto (siehe Seite 50) rühren.**
Statt Parmesan können Sie Pecorino oder Scamorza verwenden.

Andere Nudelsorten
> Bandnudeln
> Malloreddus
> Gnocchi sardi

LASAGNE
mit Melanzane, Tomaten und Büffelmozzarella

4 Personen 50 Minuten leicht vegetarisch

150 g **Eiernudelteig** (siehe Seite 28)
1 **Melanzane** (300 g)
30 ml **Olivenöl**
250 ml **Tomatensauce** (siehe Seite 32/49)
400 g **Tomaten,** geschält und in Scheiben geschnitten
2 EL **Basilikum**
30 g **Parmesan,** gerieben
Salz
100 g **Büffelmozzarella,** in Stücke geschnitten
1 EL **Kräuteröl** (siehe Seite 36)
Bohnenkraut

1. Den Eiernudelteig mit der Nudelmaschine dünn ausrollen und mit einem Ausstecher Kreise (Ø 8 cm) ausstechen.
2. Teigblätter in Salzwasser etwa **2 Minuten** kochen, mit einem Schaumlöffel herausnehmen, in kaltem Wasser abschrecken und auf Küchenkrepp abtropfen lassen.
3. Melanzane (mit Schale) in 5 mm dünne Scheiben schneiden, salzen und mit etwas Olivenöl etwa **2 Minuten** grillen.
4. In eine gebutterte feuerfeste Form abwechselnd Nudelblätter, Melanzane, Tomatensauce, Tomatenscheiben, Basilikumblätter und Parmesan legen. Mit Parmesan bestreuen und im auf etwa **180 Grad** vorgeheizten Backofen etwa **20 Minuten** backen.
5. Die Lasagne mit Büffelmozzarella, Kräuteröl und Bohnenkraut garniert servieren.

Tipps **Sie können die Nudelblätter auch weglassen.**
Anstelle von Melanzane können Sie Zucchini oder Süßkartoffeln verwenden.

Andere Nudelteige

> Spinatnudelteig (S. 31)
> Vollkornnudelteig (S. 30)

NUDELBLÄTTER
mit Pilzen und Kräutern

4 Personen | 50 Minuten | leicht | vegetarisch

150 g **Spinatnudelteig** (siehe Seite 31)
1 l **Béchamelsauce** (siehe Seite 36/47)
250 g **Pilze** (Pfifferlinge, Steinpilze, Buchenpilze, Portobello-Pilze usw.)
40 g **Butter**
1 **Knoblauchzehe,** fein geschnitten
1 EL **Petersilie,** fein geschnitten
1 **Thymianzweig**
Salz
Pfeffer aus der Mühle
30 g **Parmesan,** gerieben
Butter, zerlassen
2 EL **Kräuter** und **Blüten** (Gundelrebe, Kornblume, Ringelblume usw.)

1. Den Spinatnudelteig mit der Nudelmaschine dünn ausrollen und in 10 × 8 cm große Rechtecke schneiden.
2. Die Lasagneblätter etwa **2 Minuten** in Salzwasser kochen, mit dem Schaumlöffel herausnehmen und in kaltem Wasser abschrecken. Auf Küchenkrepp abtropfen lassen.
3. Die Pilze putzen, waschen und in Blättchen schneiden.
4. Knoblauch in Butter farblos anschwitzen, Pilze zufügen und etwa **5 Minuten** dünsten. Mit Petersilie, Thymian, Salz und Pfeffer würzen.
5. In eine gebutterte feuerfeste Form abwechselnd Lasagneblätter, Béchamelsauce und Pilze schichten. Mit Pilzen abschließen.
6. Die Lasagne mit Parmesan bestreuen und mit Butter beträufeln.
7. Im auf etwa **180 Grad** vorgeheizten Backofen etwa **20 Minuten** backen.
8. Die Lasagne mit Kräutern und Blüten garniert servieren.

Tipps **Sie können die Pilze durch Karotten, Zucchini, Kürbis, Sellerieknolle oder Süßkartoffeln ersetzen.**
Statt Béchamelsauce können Sie auch Schmelzkäsescheiben verwenden.

Andere Nudelteige

> Rohnennudelteig (S. 31)
> Vollkornnudelteig (S. 30)

RONDELLE
mit Melanzane und Salbei

4 Personen | 50 Minuten | leicht | vegetarisch | scharf

200 g **Melanzane**
20 g **Schalotten,** fein gehackt
1 **Knoblauchzehe,** fein gehackt
40 ml **Olivenöl**
50 ml **Wasser** oder **Gemüsebrühe**
20 g **Parmesan,** gerieben
1 EL **Petersilie,** fein geschnitten
1 TL **Kurkuma**
1 **Peperoncino**
Salz

150 g **Eiernudelteig** (siehe Seite 28)
4 **Salbeiblätter**
30 g **Butter**
20 g **Parmesan,** gerieben

1. Melanzane schälen und in sehr kleine Würfel schneiden.
2. Schalotten und den Knoblauch in etwas Olivenöl anschwitzen. Melanzane zugeben und mitdünsten lassen. Wasser zufügen und alles in etwa **8 Minuten** weich garen.
3. Vom Herd nehmen und mit Parmesan, Petersilie, Kurkuma, Peperoncino und Salz würzen. Auskühlen lassen.
4. Den Eiernudelteig mit der Nudelmaschine dünn ausrollen, Kreise ausstechen und auf die Hälfte der Nudelblätter etwas von der Füllung geben. Die Teigränder mit Wasser bestreichen und jeweils mit einem weiteren Teigblatt gut verschließen (siehe Schritt für Schritt Seite 43).
5. Die Rondelle in Salzwasser etwa **4 Minuten** kochen und mit einem Schaumlöffel herausnehmen.
6. Salbeiblätter in Butter hellbraun braten. Die Rondelle mit Parmesan bestreuen und mit Salbeibutter beträufeln.

Tipps **Die Schale der Melanzane in feine Streifen schneiden und frittieren. Die Rondelle damit garnieren.**
Servieren Sie die Rondelle mit Tomatensauce.

Andere Nudelteige

> Spinatnudelteig (S. 31)
> Tomatennudelteig (S. 31)

PIZZOCCHERI
mit Kartoffeln, Grünkohl und Fontina-Käse

4 Personen | 40 Minuten | leicht | vegetarisch | scharf

150 g **feines Buchweizenmehl**
150 g **Weizenmehl**
3 **Eier**
30 ml **Olivenöl**
1 Prise **Salz**
200 g **Grünkohl**
300 g **Kartoffeln**
50 ml **Olivenöl**
40 g **Zwiebeln,** fein geschnitten
1 **Knoblauchzehe,** fein gehackt
Salz
2 **frische Peperoncino,** fein geschnitten
200 ml **Fleischsuppe** (siehe Seite 39)
100 g **Fontina-Käse,** grob geraspelt
2 EL **Salzkapern,** gewaschen

1. Für den Teig Buchweizenmehl, Weizenmehl, Eier, Olivenöl und Salz zu einem Teig verkneten und etwa **20 Minuten** ruhen lassen.
2. Den Teig mit der Nudelmaschine dünn ausrollen und in 2 × 6 cm große Rechtecke schneiden.
3. Grünkohlblätter von den Stielen befreien, in Blättchen schneiden und in Salzwasser etwa **5 Minuten** weich kochen.
4. Kartoffeln schälen, in mittelgroße Würfel schneiden und etwa **15 Minuten** in Salzwasser kochen.
5. Olivenöl in einer Pfanne erhitzen, Zwiebelwürfel und Knoblauch darin anschwitzen. Kartoffeln und Grünkohl dazugeben und kurz schwenken. Mit Salz und Peperoncino würzen und mit Fleischsuppe aufgießen.
6. Die Pizzoccheri etwa **3 Minuten** in reichlich Salzwasser garen, herausnehmen und in der Sauce schwenken.
7. In eine feuerfeste Form geben und mit Fontina-Käse und Kapern bestreuen.
8. Im Backofen bei starker Oberhitze (etwa **200 Grad)** etwa **5 Minuten** überbacken.

Tipps **Sie können den Grünkohl durch Wirsing oder Weißkohl ersetzen. Statt Fontina-Käse können Sie auch Bergkäse, Taleggio oder Graukäse nehmen.**

KASTANIENNUDELN
mit Spinat und Walnüssen

4 Personen | 40 Minuten | leicht | vegetarisch

200 g **mehlige Kartoffeln**
280 g **Kastanien,** gekocht
1 **Eigelb**
1 EL **Butter,** zerlassen
150 g **Mehl**
1 Msp. **Muskat**
Salz
200 g **Spinat**
40 g **Butter**
1 **Knoblauchzehe,** fein gehackt
200 ml **Sahne**
30 g **Parmesan,** gerieben
50 g **Walnüsse,** grob gehackt
2 EL **Parmesanspäne**
20 g **Babyspinat**

1. Für den Kastaniennudelteig Kartoffeln schälen, in große Würfel schneiden und in Salzwasser etwa **15 Minuten** weich kochen. Abseihen und etwas ausdämpfen lassen.
2. Zusammen mit 200 g Kastanien mit der Handpassiermaschine (Flotte Lotte) passieren und mit Eigelb und Butter vermengen.
3. Mehl, Salz und Muskat zur Kartoffel-Kastanien-Masse geben und alles zu einem Teig verkneten.
4. Aus dem Teig gleich dicke Stränge (Ø 1 cm) rollen, in 2 cm lange Stücke schneiden und zu kleinen Nudeln formen.
5. Den Spinat putzen, waschen und in Streifen schneiden.
6. Butter schmelzen lassen, Knoblauch und Spinat dazugeben und etwa **3 Minuten** dünsten. Mit Sahne aufgießen.
7. Die restlichen Kastanien in grobe Stücke brechen und zusammen mit Parmesan und Walnüssen zum Spinat geben. Etwa **3 Minuten** einkochen lassen.
8. Die Kastaniennudeln ins kochende Salzwasser geben. Einmal aufkochen lassen und mit einer Schaumkelle herausnehmen.
9. In der Sauce schwenken und mit Parmesanspänen und Babyspinat garniert servieren.

Tipps **Sie können die frischen Kastanien auch durch tiefgekühlte ersetzen. Anstelle von Spinat können Sie Mangold oder Kürbis verwenden.**

SESAMBANDNUDELN
mit Currygemüse

4 Personen | 20 Minuten | leicht | vegetarisch

140 g **Kamutmehl** oder Weizenmehl
60 g **gerösteter Sesam,** fein gemixt
2 **Eier**
100 g **Karotten**
100 g **Zucchini**
150 g **Weißkohl**
50 g **Lauch**
50 ml **Olivenöl**
1 EL **Currypulver**
Salz
Pfeffer aus der Mühle
100 ml **Nudelkochwasser**
1 EL **gerösteter Sesam**

1. Für den Teig Kamutmehl, Sesam und Eier zu einem geschmeidigen, aber nicht zu festen Teig verkneten.
2. Den Teig in Klarsichtfolie wickeln und etwa **1 Stunde** ruhen lassen.
3. Den Teig mit der Nudelmaschine dünn ausrollen und zu Bandnudeln schneiden.
4. Karotten, Zucchini, Weißkohl und Lauch putzen, waschen und in feine Streifen schneiden.
5. Olivenöl erhitzen und Currypulver darin leicht rösten. Das Gemüse dazugeben, salzen, pfeffern und etwa **5 Minuten** dünsten.
6. Die Sesambandnudeln in reichlich Salzwasser etwa **2 Minuten** kochen und abseihen.
7. Die Sesambandnudeln zum Gemüse geben, Nudelkochwasser zufügen und kurz durchschwenken.
8. Mit geröstetem Sesam bestreut servieren.

Tipp **Ersetzen Sie die Karotten durch Kürbis oder Kohlrabi.**

Andere Nudelteige

> Vollkornnudelteig (S. 30)
> Buchweizennudelteig (S. 30)

FETTUCCINE
mit Artischocken und Kapern

4 Personen 50 Minuten leicht vegetarisch

4 **Artischocken**
50 g **Zwiebeln**
1 **Knoblauchzehe**
2 EL **Olivenöl**
50 ml **Weißwein**
200 ml **Wasser**
2 EL **Salzkapern,** gewaschen
Salz
Pfeffer aus der Mühle
1 EL **Thymian,** fein geschnitten
1 EL **Petersilie,** fein geschnitten
60 g **kalte Butter**
400 g **Fettuccine** (siehe Seite 28)
4 EL **Kapernbrösel** (siehe Tipp)

1. Die harten äußeren Blätter der Artischocke entfernen und das Heu im Inneren mit einem Kugelausstecher herauskratzen. Artischocken in Viertel oder Sechstel schneiden.
2. Zwiebeln und Knoblauch schälen, fein schneiden und in Olivenöl dünsten. Artischocken dazugeben und ebenfalls dünsten.
3. Mit Weißwein und Wasser aufgießen und etwa **10 Minuten** garen.
4. Die Sauce mit Kapern, Salz, Pfeffer, Thymian und Petersilie würzen und mit kalter Butter verfeinern.
5. Die Fettuccine in reichlich Salzwasser etwa **3 Minuten** kochen, abseihen und in der Artischockensauce schwenken. Mit Kapernbröseln garniert servieren.

Tipps **Für die Kapernbrösel vermischen Sie 3 EL geröstete Pankobrösel mit 1 EL frittierten Kapern.**
Sie können die Artischocken auch durch Topinambur ersetzen.
Zu diesem Gericht passen gebratene Garnelen oder Jakobsmuscheln.

Andere Nudelsorten
> Orecchiette
> Spaghetti

HEU UND STROH
mit Salbeibutter und Piccadilly-Tomaten

4 Personen | 40 Minuten | leicht | vegetarisch

150 g **Eiernudelteig** (siehe Seite 28)
150 g **Spinatnudelteig** (siehe Seite 31)
2 EL **Olivenöl**
200 g **Piccadilly-Tomaten,** halbiert
Salz
Pfeffer aus der Mühle
50 g **Parmesan**
60 g **Butter**
Salbeiblätter

1. Eier- und Spinatnudelteig mit der Nudelmaschine dünn ausrollen. Etwa **15 Minuten** trocknen lassen und in 2 mm dicke Tagliolini schneiden. Tagliolini auf ein bemehltes Tuch legen.
2. Olivenöl erhitzen, die Tomaten scharf anbraten, salzen, pfeffern und etwas dünsten.
3. Die Schnittfläche der Tomaten mit etwas Parmesan bestreuen und vor dem Servieren im Backofen etwa **2 Minuten** überbacken.
4. Die Tagliolini in kochendem Salzwasser etwa **3 Minuten** unter ständigem Rühren garen.
5. Butter schmelzen lassen und Salbeiblätter darin goldgelb braten, die Blätter herausnehmen.
6. Die Tagliolini in der Salbeibutter schwenken und mit den überbackenen Tomaten auf Tellern anrichten.

Tipps **Sie können zu den Tagliolini auch noch Rohschinken servieren. Ersetzen Sie die Piccadilly-Tomaten durch Dattel- oder Fleischtomaten.**

Andere Nudelsorten

> Spaghetti
> Bavette

SPAGHETTINI
mit Tomaten und Basilikum

4 Personen 20 Minuten leicht vegetarisch

100 g **Zwiebeln**
1 **Knoblauchzehe**
3 EL **Olivenöl**
500 g **Tomaten**
1 EL **Basilikum,** fein geschnitten
Salz
Pfeffer aus der Mühle
400 g **Spaghettini**
20 g **Parmesan,** gerieben
Basilikum

1. Zwiebeln und Knoblauch schälen und fein schneiden.
2. In Olivenöl anschwitzen.
3. Tomaten waschen, schälen, in Stücke schneiden und zu den Zwiebeln geben. Mit Basilikum, Salz und Pfeffer würzen und etwa **20 Minuten** köcheln lassen.
4. Die Spaghettini nach Packungsanweisung in reichlich Salzwasser bissfest kochen und abseihen.
5. Zur Tomatensauce geben und Parmesan zufügen. Gut durchschwenken und mit Basilikum garniert servieren.

Tipps **Sie können die frischen Tomaten auch durch stückige Tomaten aus der Dose ersetzen.**
Wenn Sie die Sauce mit einem Handpassiergerät (Flotte Lotte) passieren, wird sie besonders fein und frei von Kernen.
Sind die Tomaten eher säuerlich, geben Sie ½ TL Zucker zur Sauce.

Andere Nudelsorten
> Trenette
> Bucatini

MEZZE MANICHE
mit Grillgemüse

4 Personen | 40 Minuten | leicht | vegetarisch

100 g **Peperoni**
100 g **Zucchini**
100 g **Melanzane**
80 ml **Olivenöl**
1 **Knoblauchzehe,** fein gehackt
150 g **Tomaten,** in Würfel geschnitten
50 ml **Nudelkochwasser**
1 **getrockneter Peperoncino,** fein gerieben
Salz
40 g **Butter**
400 g **Mezze maniche**

1. Peperoni, Zucchini und Melanzane putzen, waschen und in Scheiben schneiden.
2. Das Gemüse auf beiden Seiten etwa **5 Minuten** grillen und in etwa 5 mm dicke Streifen schneiden.
3. Olivenöl erhitzen und Knoblauch darin anschwitzen. Die Tomaten zufügen und Nudelkochwasser angießen. Das gegrillte Gemüse dazugeben und mit Peperoncino und Salz würzen. Etwa **5 Minuten** kochen lassen und mit Butter verfeinern.
4. Die Mezze maniche nach Packungsanweisung in reichlich Salzwasser bissfest kochen.
5. Die Nudeln in der Sauce schwenken, auf Tellern anrichten und servieren.

Tipps **Sie können zu den Mezze maniche auch Speckscheiben oder Rohschinken servieren.**
Zu diesem Gericht passt gebratener Seeteufel.

Andere Nudelsorten

> Maccheroni
> Garganelli

ORECCHIETTE
mit Gemüse-Safran-Sauce

4 Personen | 20 Minuten | leicht | vegetarisch

250 g **Karotten**
100 g **Frühlingslauch**
40 ml **Olivenöl**
1 **Knoblauchzehe,** fein gehackt
50 ml **Nudelkochwasser**
Salz
Pfeffer aus der Mühle
1 TL **Safranfäden** oder 1 Pkg. Safranpulver
80 g **kalte Butter**
400 g **Orecchiette**
30 g **Parmesan,** gerieben
Bohnenkraut oder Estragon

1. Karotten schälen und in kleine Würfel schneiden. Frühlingslauch putzen.
2. Olivenöl erhitzen und Frühlingslauch darin dünsten. Knoblauch und Karotten dazugeben und etwa **2 Minuten** mitdünsten.
3. Nudelkochwasser zur Sauce geben. Mit Salz, Pfeffer und Safran würzen und etwa **8 Minuten** kochen lassen. Mit kalter Butter verfeinern.
4. Die Orecchiette nach Packungsanweisung in reichlich Salzwasser bissfest garen und abseihen.
5. Die Nudel zur Sauce geben, gut vermischen und mit Parmesan und Bohnenkraut garniert servieren.

Tipps **Wenn der Frühlingslauch sehr dick ist, schneiden Sie ihn in Scheiben. Sie können die Sauce auch mit Sahne zubereiten.Ersetzen Sie den Safran durch Kurkuma oder Currypulver.**

Andere Nudelsorten

- > Caserecce
- > Cavatelli

CASARECCE
mit gelben Tomaten und Taggiasche-Oliven

4 Personen 20 Minuten leicht vegetarisch scharf

2 **Knoblauchzehen**
40 ml **Olivenöl**
400 g **Zucchini,** in Streifen geschnitten
Salz
1 **frischer Peperoncino,** fein geschnitten
100 ml **gelbe Datteltomaten,** in Stücke geschnitten
50 g **Taggiasche-Oliven**
20 g **Basilikum,** fein geschnitten
400 g **Casarecce**
30 g **Pecorino,** gerieben
Basilikum

1. Knoblauch in Scheiben schneiden und in Olivenöl dünsten.
2. Zucchini dazugeben, mit Salz und Peperoncino würzen und kurz anbraten.
3. Tomaten und Oliven zufügen und etwa **8 Minuten** weich kochen. Mit Basilikum abschmecken.
4. Die Casarecce nach Packungsanweisung in reichlich Salzwasser bissfest garen und abseihen.
5. Mit der Sauce vermischen und mit Pecorino und Basilikum garniert servieren.

Tipps **Sie können die gelben Datteltomaten durch sehr reife Fleischtomaten ersetzen.**
Verfeinern Sie die Casarecce mit Bergkäse.

Andere Nudelsorten

> Lumaconi
> Cavatelli

MEZZE MANICHE
mit Puntarelle und Kirschtomaten

4 Personen | 20 Minuten | leicht | vegetarisch

450 g **Puntarelle** (Spargelzichorie)
50 g **Schalotten,** fein geschnitten
1 **Knoblauchzehe,** fein gehackt
50 ml **Olivenöl**
50 ml **Nudelkochwasser**
300 g **Kirschtomaten,** halbiert
Salz
Pfeffer aus der Mühle
2 EL **Petersilie,** fein geschnitten
400 g **Mezze maniche**
2 EL **Parmesan**

1. Puntarelle putzen, 350 g in kleine Würfel schneiden, den Rest beiseitelegen.
2. Schalotten und Knoblauch in Olivenöl anschwitzen.
3. Puntarelle dazugeben, mit Nudelkochwasser aufgießen und Kirschtomaten zufügen. Etwa **7 Minuten** weich dünsten und mit Salz und Pfeffer würzen.
4. Die Mezze maniche nach Packungsanweisung in reichlich Salzwasser bissfest garen und abseihen.
5. Die Nudeln in der Sauce schwenken und die restlichen Puntarelle in Scheiben schneiden.
6. Die Mezze maniche auf Tellern anrichten und mit Puntarelle und Parmesan garniert servieren.

Tipps **Die Puntarelle können Sie durch Mangold oder Spinat ersetzen. Anstelle von Kirschtomaten können Sie auch Tomatensauce (siehe Seite 32/49) verwenden.**

Andere Nudelsorten

- > Rigatoni
- > Rotelle

GEMÜSELASAGNE

4 Personen | 40 Minuten | leicht | vegetarisch

150 g **Eiernudelteig** (siehe Seite 28)
400 g **Gemüse** (Zucchini, Melanzane, Süßkartoffeln usw.)
1 **Knoblauchzehe,** fein geschnitten
2 EL **Olivenöl**
Salz
Pfeffer aus der Mühle
250 ml **Tomatensauce** (siehe Seite 32/49)
50 g **Parmesan,** gerieben
Butter, zerlassen
Kapuzinerkresse zum Garnieren

1. Den Eiernudelteig mit der Nudelmaschine dünn ausrollen und in 10 × 8 cm große Lasagneblätter schneiden.
2. Die Nudelblätter etwa **2 Minuten** in Salzwasser bissfest kochen, mit einem Schaumlöffel herausnehmen und in kaltem Wasser abschrecken. Auf Küchenkrepp legen und abtropfen lassen.
3. Das Gemüse putzen, waschen und in dünne Scheiben schneiden.
4. Knoblauch in Olivenöl anschwitzen. Das Gemüse dazugeben und etwa **5 Minuten** dünsten. Mit Salz und Pfeffer würzen.
5. Nudelblätter, Tomatensauce, Parmesan und Gemüsescheiben abwechselnd in eine gebutterte feuerfeste Form schichten.
6. Mit Parmesan bestreuen und mit Butter beträufeln.
7. Im auf etwa **180 Grad** vorgeheizten Backofen etwa **30 Minuten** backen.
8. Portionieren, auf Tellern anrichten und mit Parmesan und Kapuzinerkresse garniert servieren.

Tipps **Sie können die Tomatensauce auch durch Béchamelsauce ersetzen (siehe Schritt für Schritt Seite 47).**
Verwenden Sie zusätzlich noch in Würfel geschnittenen Thunfisch.

Andere Nudelteige

> Spinatnudelteig (S. 31)
> Tomatennudelteig (S. 31)

SCHÜTTELBROT-NUDELN

mit Pinoli und Butter

4 Personen | 20 Minuten | leicht

300 ml **Fleischsuppe** (siehe Seite 39) oder Nudelkochwasser
50 g **Butter**
Salz
Pfeffer aus der Mühle
400 g **Schüttelbrotnudeln**
1 EL **Petersilie,** fein geschnitten
30 g **Parmesan,** gerieben
30 g **Pinoli,** geröstet
2 EL **weiße Sellerieblätter**

1. Fleischsuppe erhitzen und etwa **8 Minuten** auf ungefähr die Hälfte einkochen lassen.
2. Butter in Stücke schneiden, zur Fleischsuppe geben und schmelzen lassen. (ACHTUNG: Dabei nicht mehr kochen!)
3. Wenn die Sauce cremig ist, salzen und pfeffern.
4. Die Schüttelbrotnudeln nach Packungsanweisung in reichlich Salzwasser bissfest garen und abseihen.
5. Zusammen mit Petersilie, Parmesan und Pinoli zur Sauce geben und durchschwenken.
6. Die Nudeln mit Sellerieblättern garniert servieren.

Tipps **Sie können die Sauce zum Schluss noch mit etwas geschnittenem Rucola verfeinern.**
Statt Parmesan können Sie Graukäse oder Gorgonzola verwenden.

Andere Nudelsorten

> Bandnudeln
> Maltagliati

RAVIOLI
mit Rosmarinbutter und Kräuterseitlinge

4 Personen · 1½ Stunden · mittel · vegetarisch

150 g **Eiernudelteig** (siehe Seite 28)
400 g **Fleischfüllung** (siehe Seite 38)
200 g **Kräuterseitlinge** oder Champignons
70 g **Butter**
1 EL **Kerbel,** fein geschnitten
1 EL **Rosmarin,** fein gehackt
Salz
Pfeffer aus der Mühle

1. Den Eiernudelteig mit der Nudelmaschine zu dünnen, etwa 40 cm langen Bahnen ausrollen.
2. Die Füllung mit einem Spritzsack im Abstand von etwa 4 cm auf die Nudelteigplatte spritzen. Die Teigränder mit etwas Wasser bestreichen, mit einer zweiten Nudelteigplatte abdecken und den Teig um die Füllungen herum gut festdrücken (siehe Schritt für Schritt Seite 42/43).
3. Mit einem runden Ravioliausstecher Ravioli ausstechen.
4. Kräuterseitlinge putzen und in Stücke schneiden.
5. Butter erhitzen und Kräuterseitlinge darin etwa **3 Minuten** rösten. Mit Kerbel, Rosmarin, Salz und Pfeffer würzen.
6. Die Ravioli ins kochende Salzwasser geben und etwa **5 Minuten** garen.
7. Abseihen und zusammen mit den Kräuterseitlingen auf Tellern anrichten.

Tipp **Sie können die Ravioli auch mit Tomatensauce (siehe Seite 32/49) oder Rahmsauce bzw. mit zerlassener Butter und Parmesan servieren.**

Andere Nudelteige

> Spinatnudelteig (S. 31)
> Tomatennudelteig (S. 31)

FARFALLE
mit Spargelsauce und Trüffeln

4 Personen · 40 Minuten · leicht · vegetarisch

200 g **grüner Spargel**
200 g **weißer Spargel**
250 ml **Spargelsud**
20 g **Schalotten** oder Zwiebeln, fein geschnitten
2 EL **Olivenöl**
125 ml **Weißwein**
1 Spritzer **Zitronensaft**
1 EL **Petersilie,** fein geschnitten
Salz
Pfeffer aus der Mühle
400 g **Farfalle**
12 g **schwarze Trüffeln**

1. Spargel schälen, in Stücke schneiden und etwa **6 Minuten** in Salzwasser garen. Abseihen, den Sud dabei auffangen und die Spargelstücke beiseitestellen.
2. Schalotten in Olivenöl anschwitzen, mit Weißwein ablöschen und die Flüssigkeit fast vollständig einkochen lassen.
3. Mit Spargelsud auffüllen und etwa **5 Minuten** auf die gewünschte Konsistenz einkochen lassen.
4. Mit Zitronensaft, Petersilie, Salz und Pfeffer würzen und die Spargelstücke untermischen.
5. Die Farfalle nach Packungsanweisung in reichlich Salzwasser bissfest garen.
6. Die Nudeln abseihen und in der Spargelsauce schwenken.
7. Mit frisch gehobelten Trüffelscheiben garniert servieren.

Tipps **Die Spargelsauce können Sie auch zu Fischgerichten servieren. Ersetzen Sie den weißen Spargel durch Schwarzwurzeln.**

Andere Nudelsorten

> Tagliatelle
> Spaghetti alla chitarra

FREGOLA SARDA
mit Kürbis und scharfer Salami

4 Personen | 30 Minuten | leicht | vegetarisch | scharf

200 g **Kürbis**
1 **Knoblauchzehe,** fein gehackt
40 ml **Olivenöl**
80 g **scharfe Salami,** in dünne Blättchen geschnitten
2 EL **Petersilie,** fein geschnitten
Salz
1 **getrockneter Peperoncino,** gerieben
200 g **Fregola sarda**
800 ml **Fleischsuppe** (siehe Seite 39) oder Wasser
40 g **Butter**
50 g **Pecorino,** gerieben

1. Kürbis schälen und in 5 mm große Würfel schneiden.
2. Knoblauch in Olivenöl anschwitzen.
3. Kürbis dazugeben, salzen und etwa **5 Minuten** dünsten.
4. Scharfe Salami zufügen und mit Petersilie, Salz und Peperoncino würzen.
5. Die Fregola sarda in lauwarmem Wasser etwa **10 Minuten** einweichen.
6. Zum Kürbis geben und mit Fleischsuppe aufgießen. Etwa **20 Minuten** unter ständigem Rühren weich kochen.
7. Mit Butter und Pecorino verfeinern.

Tipps **Sie können noch Mozzarella- oder Peperoniwürfel dazugeben. Statt Kürbis können Sie auch Zucchini verwenden.**

Andere Nudelsorten

> Risininudeln
> Maccheroncini

BUCATINI
mit Basilikumpesto

4 Personen | 20 Minuten | mittel | vegetarisch

40 g **Basilikumblätter**
20 g **Petersilienblätter**
120 ml **Olivenöl**
1 EL **Pinoli**
½ **Knoblauchzehe,** fein gehackt
Salz
Pfeffer aus der Mühle
½ **frischer Peperoncino,** fein geschnitten
1 EL **Parmesan,** gerieben
400 g **Bucatini**
Nudelkochwasser
Parmesanspäne

1. Für das Basilikumpesto Basilikum und Petersilie waschen und mit Küchenkrepp trocken tupfen.
2. Mit Olivenöl, Pinoli und Knoblauch im Mixer pürieren (siehe Schritt für Schritt Seite 50).
3. Mit Salz, Pfeffer, Peperoncino und Parmesan abschmecken.
4. Die Bucatini nach Packungsanweisung in reichlich Salzwasser bissfest garen. Abseihen und dabei etwas Nudelkochwasser auffangen.
5. Die Nudeln mit etwas Nudelkochwasser und Basilikumpesto vermengen.
6. Mit Parmesanspänen garniert servieren.

Tipps **Sie können die Bucatini auch mit getrockneten Tomaten und Oliven zubereiten.**
Servieren Sie dazu gebratene Garnelen.

Andere Nudelsorten

> Bavette
> Orecchiette

LINGUINE
mit gelber Tomatensauce

4 Personen | 40 Minuten | mittel | vegetarisch

120 g **Schalotten** oder Zwiebeln
600 g **gelbe Datteltomaten** oder gelbe Tomaten
2 EL **Olivenöl**
1 **Knoblauchzehe,** fein gehackt
2 EL **Kerbel,** fein geschnitten
Salz
Pfeffer aus der Mühle
1 EL **Salzkapern,** gewaschen
2 EL **Butter**
400 g **Linguine**
Kerbel
2 EL **Kräuteröl** (siehe Seite 36)

1. Für die gelbe Tomatensauce Schalotten schälen und in feine Würfel schneiden.
2. Datteltomaten waschen, 500 g schälen und in Stücke schneiden, 100 g halbieren und beiseitestellen.
3. Olivenöl leicht erhitzen. Schalotten und Knoblauch darin anschwitzen.
4. Die in Stücke geschnittenen Tomaten dazugeben, mit Kerbel, Salz und Pfeffer würzen und etwa **20 Minuten** leicht köcheln lassen. Mit dem Handpassiergerät (Flotte Lotte) fein passieren.
5. Die halbierten Datteltomaten zusammen mit Kapern und Butter zur Sauce geben und etwas nachziehen lassen.
6. Linguine nach Packungsanweisung in reichlich Salzwasser bissfest garen und abseihen.
7. In der Tomatensauce schwenken und mit Salz würzen.
8. Mit Kerbel und Kerbelöl garniert servieren.

Tipp **Am besten verwenden Sie für dieses Rezept sehr reife Tomaten, die einen kräftigen und vollmundigen Geschmack haben.**

Andere Nudelsorten
> Penne
> Fusilli

TOMATEN-TAGLIOLINI
mit getrockneten Tomaten und Rucola

4 Personen | 30 Minuten | leicht | vegetarisch

3 **Knoblauchzehen,** fein geschnitten
2 **Schalotten,** in Blättchen geschnitten
50 ml **Olivenöl**
220 g **geschälte Tomaten**
Salz
roter und **schwarzer Pfeffer** aus der Mühle
100 ml **Nudelkochwasser**
400 g **Tomatennudelteig** (siehe Seite 31)
150 g **getrocknete Datteltomaten**
100 g **Rucola,** grob geschnitten

1. Knoblauch und Schalotten in Olivenöl anschwitzen.
2. Die geschälten Tomaten in Streifen schneiden und dazugeben.
3. Mit Salz und Pfeffer würzen und mit Nudelkochwasser aufgießen. Etwa **5 Minuten** dünsten.
4. Den Tomatennudelteig mit der Nudelmaschine dünn ausrollen. Die Nudelblätter mit dem Aufsatz der Nudelmaschine in etwa 15 cm lange Tagliolini schneiden.
5. Die Tagliolini in reichlich Salzwasser etwa **3 Minuten** kochen.
6. Die Nudeln abseihen und in der Tomatensauce schwenken.
7. Mit einigen getrockneten Datteltomaten und Rucola garniert servieren.

Tipps **Anstelle der getrockneten Datteltomaten können Sie auch getrocknete Fleischtomaten verwenden.**
Ersetzen Sie den Rucola durch in Streifen geschnittene frische Spinatblätter.

Andere Nudelsorten

> Bandnudeln
> Fettuccine

SPAGHETTI
aglio olio e peperoncino

4 Personen | 20 Minuten | leicht | vegan | scharf

4 **Knoblauchzehen,** in Scheiben geschnitten
100 ml **Olivenöl**
2 **frische Peperoncini,** in Ringe geschnitten
100 g **Oliven,** halbiert
Salz
2 EL **Petersilie,** fein geschnitten
400 g **Spaghetti**

1. Knoblauch in Olivenöl etwa **10 Minuten** bei etwa **60 Grad** langsam garen.
2. Peperoncini und Oliven zufügen und bei mittlerer Hitze etwa **2 Minuten** weich dünsten.
3. Salzen und Petersilie dazugeben. Alles gut vermischen.
4. Die Spaghetti nach Packungsanweisung in reichlich Salzwasser bissfest garen und abseihen.
5. Die Nudeln zur Knoblauch-Öl-Mischung geben, gut durchschwenken und servieren.

Tipps **Dazu passen Blattsalate der Saison.**
Verwenden Sie für dieses Rezept unbedingt Olivenöl aus erster Pressung (extra vergine). Es hat einen besonders kräftigen und vollmundigen Geschmack.

Andere Nudelsorten
> Trenette
> Spaghetti alla chitarra

PACCHERI
all'arrabbiata

4 Personen · 30 Minuten · leicht · vegetarisch · scharf

100 g **Zwiebeln**
600 g **San-Marzano-Tomaten** oder Tomaten aus der Dose
1 **Knoblauchzehe,** fein gehackt
2 EL **Olivenöl**
Salz
1 **getrockneter Peperoncino,** fein gerieben
4 **Basilikumblätter,** fein geschnitten
400 g **Paccheri**

1 EL **Salzkapern,** gewaschen
120 g **gegrillte Melanzanescheiben,** in 5 mm große Würfel geschnitten
2 EL **Melanzane,** gedünstet und püriert
2 EL **Brotwürfel,** geröstet
4 **Kartoffelchips,** in Stücke gebrochen
Basilikum

1. Für die Sauce Zwiebeln schälen und in feine Würfel schneiden.
2. Tomaten waschen und in Stücke schneiden.
3. Zwiebel- und Knoblauchwürfel in Olivenöl anschwitzen.
4. Tomaten dazugeben, mit Salz und Peperoncino würzen und etwa **10 Minuten** leicht köcheln lassen.
5. Tomatensauce mit dem Handpassiergerät (Flotte Lotte) fein passieren und mit Basilikum abschmecken.
6. Die Paccheri nach Packungsanweisung in reichlich Salzwasser bissfest garen. Abseihen und gut abtropfen lassen.
7. Zur Sauce geben und gut durchschwenken.
8. Mit Kapern, Melanzanewürfeln, Melanzanepüree, Brotwürfeln, Kartoffelchips und Basilikum garniert servieren.

Tipps **Sollten die Tomaten sehr säuerlich sein, geben Sie etwas Zucker in die Sauce.**
Wenn Sie keine San-Marzano-Tomaten bekommen, können Sie auch sehr reife Fleischtomaten verwenden.

Andere Nudelsorten

- Maccheroni
- Orecchiette

ASIA-NUDELN
mit Grünkohl und Sojasauce

4 Personen | 30 Minuten | leicht | vegetarisch | scharf

400 g **Grünkohl**
400 g **Asia-Nudeln**
30 ml **Sonnenblumenöl**
1 **Knoblauchzehe,** fein gehackt
Salz
Pfeffer aus der Mühle
100 g **geröstete Erdnüsse**
2 EL **Chilipaste** oder Hoisin-Sauce
30 ml **Sojasauce**

1. Grünkohl waschen und in Blättchen schneiden.
2. Die Nudeln nach Packungsanweisung kochen. Abgießen und mit kaltem Wasser abschrecken.
3. Sonnenblumenöl in einem Wok oder einer großen Pfanne erhitzen. Knoblauch und Grünkohl dazugeben, salzen, pfeffern und unter Rühren **3 Minuten** braten.
4. Nudeln, Erdnüsse, Chilipaste und Sojasauce zufügen. Alles gut vermischen und knusprig braten.
5. Auf Tellern anrichten und servieren.

Tipps **Sie können statt Grünkohl auch Weißkohl verwenden.**
Nehmen Sie zum Würzen Tabasco.
Ersetzen Sie die Erdnüsse durch Mandeln oder Cashewnüsse.

Andere Nudelsorten

> feine Bandnudeln
> Glasnudeln

TAGLIATELLE
mit Steinpilzsauce

4 Personen | 40 Minuten | mittel | vegetarisch

400 g **Steinpilze**
40 g **Olivenöl**
200 ml **Sahne**
Pfeffer aus der Mühle
Salz
400 g **Tagliatelle** (siehe Schritt für Schritt Seite 41)
40 g **Steinpilze,** in Scheiben geschnitten
Thymian und **Kornblumen**

1. Die Steinpilze putzen und in mittelgroße Würfel schneiden.
2. Bei starker Hitze kurz in Olivenöl schwenken. Knoblauch zugeben und etwa **3 Minuten** mitdünsten.
3. Sahne zufügen, salzen und die Sauce etwa **5 Minuten** einkochen lassen.
4. Die Tagliatelle in reichlich Salzwasser etwa **3 Minuten** bissfest garen.
5. Abseihen und sofort zur Steinpilzsauce geben. Mit Pfeffer würzen und gut vermischen.
6. Mit Steinpilzscheiben, Thymian und Kornblumen garniert servieren.

Tipp **Sie können die Sahne auch durch Nudelkochwasser oder Fleischsuppe (siehe Seite 39) ersetzen.**

Andere Nudelsorten

> Taglioline
> Trenette

116

118

120

128

130

132

140

142

144

152

Fisch & Meeresfrüchte

BAVETTE
mit Hummer und Artischocken

4 Personen · 4 Minuten · mittel · scharf

1 **Hummer** (500 g)
4 **Artischocken**
50 g **Zwiebeln** oder Schalotten
½ **Knoblauchzehe**
80 ml **Olivenöl**
200 g **Tomaten,** in Würfel geschnitten
50 ml **Weißwein**
1 **Thymianzweig**
1 TL **Estragon,** fein geschnitten
100 ml **Wasser**
Salz
1 **getrockneter Peperoncino,** gerieben
400 g **Bavette**
Petersilienblätter zum Garnieren

1. Hummer in kochendes Wasser geben und etwa **5 Minuten** kochen lassen, herausnehmen, in Eiswasser abschrecken und aus der Schale brechen. Hummerfleisch in Würfel schneiden.
2. Artischocken putzen, das obere Drittel abschneiden und die äußeren Blätter sowie das Heu entfernen. Artischocken in Spalten schneiden.
3. Zwiebeln und Knoblauch fein hacken und in Olivenöl anschwitzen. Artischocken dazugeben und mitbraten.
4. Tomatenwürfel zufügen und kurz mitdünsten. Mit Weißwein ablöschen, Thymian und Estragon dazugeben und mit Wasser aufgießen. Etwa **10 Minuten** kochen lassen.
5. Hummerfleisch zur Sauce geben und mit Salz und Peperoncino würzen.
6. Bavette nach Packungsanweisung in reichlich Salzwasser bissfest garen.
7. Abseihen und in der Hummersauce schwenken.
8. Mit Petersilie garniert servieren.

Tipp **Anstelle des Hummers können Sie auch Garnelen verwenden.**

Andere Nudelsorten
> Tagliolini
> Spaghetti

SPAGHETTI allo scoglio

4 Personen | 40 Minuten | mittel | scharf

200 g **Miesmuscheln** (in der Schale)
200 g **Venusmuscheln** (in der Schale)
40 ml **Olivenöl**
1 **Knoblauchzehe,** fein gehackt
70 ml **Weißwein**
200 g **Tintenfische,** geputzt und in Streifen geschnitten
120 g **Scampi,** geputzt
200 g **Tomaten,** in feine Würfel geschnitten
2 EL **Petersilie,** fein geschnitten
Salz
1 **frischer Peperoncino,** grob geschnitten
400 g **Spaghetti**

1. Muscheln gründlich waschen, geöffnete Muscheln wegwerfen.
2. Die Hälfte des Olivenöls in einem Topf erwärmen und Knoblauch darin leicht erhitzen.
3. Muscheln dazugeben und mit Weißwein ablöschen. Den Topf mit einem Deckel verschließen und etwa **5 Minuten** kochen lassen, bis sich die Muscheln geöffnet haben. (Nicht geöffnete Muscheln wegwerfen.)
4. Miesmuscheln aus der Schale brechen, den Saft auffangen und eventuell durch ein feines Tuch gießen.
5. Tintenfische und Scampi im restlichen Olivenöl anbraten. Tomatenwürfel dazugeben und mit Petersilie, Salz und Peperoncino würzen.
6. Den Muschelsaft dazugeben und etwa **5 Minuten** garen. Muschelfleisch zufügen.
7. Die Spaghetti nach Packungsanweisung in reichlich Salzwasser bissfest garen.
8. Abseihen, in der Sauce schwenken und mit etwas Olivenöl binden.
9. Auf Tellern anrichten und servieren.

Tipps **Sie können auch andere Meeresfrüchte, z. B. Garnelen und Hummer, verwenden.**
Beim Fischhändler bekommen Sie schon geputzte Meeresfrüchte.

Andere Nudelsorten

- Bucatini
- Trenette

GARGANELLI
mit Spargel und Sardellen

4 Personen | 40 Minuten | leicht | scharf

200 g **grüner Spargel**
50 ml **Spargelkochwasser**
60 ml **Olivenöl**
½ **Knoblauchzehe,** fein gehackt
4 **eingelegte Sardellenfilets**
1 EL **Petersilie,** fein geschnitten
Salz
1 **getrockneter Peperoncino,** gerieben
1 Msp. **Zitronenschale,** gerieben
400 g **Garganelli**
200 g **weißer Spargel,** gekocht und in Stücke geschnitten
Basilikumstreifen zum Garnieren

1. Den grünen Spargel waschen, schälen und die Spitzen abschneiden.
2. Spargelstiele in Salzwasser etwa **10 Minuten** kochen, mit einer Schöpfkelle herausnehmen und mit kaltem Wasser abschrecken.
3. Zusammen mit Spargelkochwasser, Olivenöl, Knoblauch, Sardellen und Petersilie im Mixer fein pürieren. Mit Salz, Peperoncino und Zitronenschale würzen.
4. Die Spargelspitzen in kochendes Salzwasser geben, etwa **4 Minuten** bissfest kochen und sofort mit kaltem Wasser abschrecken, damit die grüne Farbe erhalten bleibt.
5. Garganelli nach Packungsanweisung in reichlich Salzwasser bissfest garen und abseihen.
6. Die Spargelcreme erwärmen. Spargelspitzen, weißen Spargel und Nudeln dazugeben, gut durchschwenken und mit Basilikum garniert servieren.

Tipps **Ersetzen Sie die Sardellen durch Bottarga oder Thunfisch.**
Sie können die Nudeln vor dem Servieren auch noch mit etwas Pecorino bestreuen.

Andere Nudelsorten
> Rotelle
> Lumaconi

SPAGHETTI
mit Venusmuscheln und Fenchel

4 Personen | 40 Minuten | mittel | scharf

800 g **Venusmuscheln**
50 ml **Olivenöl**
50 ml **Weißwein**
50 g **Zwiebeln,** in Würfel geschnitten
200 g **Fenchel,** in Streifen geschnitten
1 TL **Fenchelsamen**
1 **Knoblauchzehe,** fein gehackt
Salz
2 EL **Petersilie,** fein geschnitten
1 **getrockneter Peperoncino,** gerieben
400 g **Spaghetti**
50 g **Fenchelkraut**

1. Venusmuscheln gründlich waschen, geöffnete Muscheln wegwerfen.
2. Die Hälfte des Olivenöls in einem Topf erhitzen. Die Muscheln dazugeben und mit Weißwein ablöschen. Zugedeckt bei starker Hitze einmal aufkochen lassen, bis sich die Muscheln geöffnet haben (siehe Schritt für Schritt Seite 52).
3. Das restliche Olivenöl erwärmen und Zwiebeln, Fenchel, Fenchelsamen und Knoblauch darin etwa **5 Minuten** dünsten. Die Venusmuscheln mit dem Sud dazugeben und mit Salz, Petersilie und Peperoncino würzen.
4. Spaghetti nach Packungsanweisung in reichlich Salzwasser bissfest garen.
5. Die Nudeln abseihen und in der Muschelsauce schwenken. Mit Fenchelkraut garniert servieren.

Tipps **Sie können die Muscheln auch aus den Schalen lösen und zur Sauce geben. Einige Muschelschalen zum Garnieren beiseitestellen.**
Ersetzen Sie den Fenchel durch Tomaten.

Andere Nudelsorten

> Spaghettini
> Bavette

CAVATELLI
mit Moscardini

4 Personen 40 Minuten mittel scharf

220 g **Weizenmehl**
40 g **Kartoffeln,** gekocht und fein passiert
60 ml **lauwarmes Wasser**
50 ml **Olivenöl**
Salz
600 g **Moscardini**
1 **Schalotte,** fein geschnitten
1 **Knoblauchzehe,** fein gehackt
30 ml **Weißwein**
100 g **Tomaten,** geschält und in feine Würfel geschnitten
300 ml **Wasser**
2 EL **Petersilie,** fein geschnitten
1 **getrockneter Peperoncino,** gerieben
1 **Lorbeerblatt**

1. Für den Teig Weizenmehl, Kartoffeln, Wasser, 10 ml Olivenöl und Salz zu einem geschmeidigen Teig verkneten und etwas ruhen lassen.
2. Aus dem Teig gleich dicke Stränge (Ø 5 mm) formen und in 5 mm lange Stücke schneiden. Mit dem Daumen auf einer Seite eindrücken, sodass Cavatelli entstehen.
3. Die Moscardini putzen, waschen und eventuell halbieren.
4. 40 ml Olivenöl erhitzen, Schalotten, Knoblauch und Moscardini darin etwa **5 Minuten** dünsten.
5. Weißwein, Tomaten und Wasser dazugeben und etwa **50 Minuten** weich schmoren. Mit Salz, Petersilie, Peperoncino und Lorbeer würzen.
6. Cavatelli in reichlich Salzwasser etwa **12 Minuten** kochen.
7. Abseihen und in der Sauce schwenken.
8. Auf Tellern anrichten und servieren.

Tipp **Statt Moscardini können Sie Oktopus oder Calamari verwenden.**

Andere Nudelsorten
> Bavette
> Spaghetti
> Orecchiette

LINGUINE
mit Cime di rapa und Garnelen

4 Personen | 20 Minuten | leicht

8 **große Garnelen**
40 ml **Öl**
50 g **Zwiebeln**
20 g **Sellerie**
20 g **Lauch**
½ **Knoblauchzehe**
1 EL **Tomatenmark**
20 ml **Whisky** oder Cognac
250 ml **Wasser**
200 g **Cime di rapa,** in Blättchen geschnitten
2 EL **Olivenöl**
Salz
Pfeffer aus der Mühle
20 g **Butter**
400 g **Linguine**
8 **Garnelenhälften,** gegrillt

1. Für die Garnelensauce Garnelen vom Panzer befreien und den Darm entfernen. Die Karkassen gut waschen, abtrocknen und in Öl scharf anbraten, bis ein kräftiger Garnelengeruch wahrnehmbar ist.
2. Zwiebeln, Sellerie, Lauch und Knoblauch putzen, waschen und grob zerkleinern. Zu den Garnelenschalen geben und mitdünsten lassen.
3. Tomatenmark zufügen und etwas mitrösten. Mit Whisky ablöschen und mit Wasser aufgießen. Etwa **20 Minuten** leicht köcheln lassen. Die Sauce durch ein feines Sieb gießen und warm stellen.
4. Cime di rapa im Olivenöl andünsten.
5. Garnelen in Stücke schneiden, salzen, pfeffern und in Butter anbraten. Cime di rapa und Garnelensauce dazugeben.
6. Die Linguine nach Packungsanweisung in reichlich Salzwasser bissfest garen. Abseihen und in der Sauce schwenken.
7. Mit gegrillten Garnelen garniert servieren.

Tipps **Sie können auch andere Krustentiere wie Langusten, Hummer oder Scampi verwenden.**
Ersetzen Sie die Cime di rapa durch Broccoli oder Mönchsbart.

Andere Nudelsorten

> Bandnudeln
> Maltagliati

FUSILLI
mit Thunfisch und Erbsen

4 Personen | 20 Minuten | leicht

120 g **weiße Zwiebeln,** fein geschnitten
1 **Knoblauchzehe,** fein gehackt
50 ml **Olivenöl**
250 g **Thunfisch in Öl** (Dose oder Glas)
400 g **Tomatensauce** (siehe Seite 32/49)
Salz
2 EL **Petersilie,** fein geschnitten
Pfeffer aus der Mühle
400 g **Fusilli**
120 g **Erbsen,** gekocht

1. Für die Thunfischsauce Zwiebeln und Knoblauch in Olivenöl etwa **5 Minuten** dünsten.
2. Thunfisch dazugeben und erwärmen.
3. Die Tomatensauce zufügen, mit Salz würzen und etwa **5 Minuten** kochen lassen.
4. Mit Petersilie und Pfeffer abschmecken.
5. Die Fusilli nach Packungsanweisung in reichlich Salzwasser bissfest garen.
6. Die Nudeln abseihen und in der Thunfischsauce schwenken. Mit Erbsen garniert servieren.

Tipps **Ersetzen Sie den Thunfisch in Öl durch frischen, in Würfel geschnittenen Thunfisch.**
Sie können statt Tomatensauce auch in Würfel geschnittene Tomaten verwenden.
Mischen Sie gekochte, in Stücke geschnittene Bohnen oder Oliven unter die Sauce.

Andere Nudelsorten
> Spaghetti
> Orecchiette

CONCHIGLIE
mit Peperoni und Stockfisch

4 Personen · 1½ Stunden · mittel

400 g **Stockfisch,** gewässert
200 g **rote Peperoni**
40 ml **Olivenöl**
1 **Knoblauchzehe,** fein gehackt
Salz
200 ml **Fleischsuppe** (siehe Seite 39) oder Nudelkochwasser
Pfeffer aus der Mühle
2 EL **Petersilie,** fein geschnitten
400 g **Conchiglie**
1 EL **Estragon,** fein geschnitten

1. Stockfisch in Salzwasser etwa **1 Stunde** kochen lassen.
2. Aus dem Sud nehmen und von der Karkasse lösen. Einige schöne Stockfischstücke zum Garnieren warm stellen.
3. Peperoni mit dem Sparschäler schälen und in 4 mm breite und 4 cm lange Streifen schneiden.
4. Olivenöl leicht erhitzen und den Knoblauch darin dünsten. Peperoni zufügen, salzen und mit Fleischsuppe aufgießen.
5. Den Stockfisch dazugeben und alles etwa **15 Minuten** dünsten. Mit Salz, Pfeffer und Petersilie würzen.
6. Conchiglie nach Packungsanweisung in reichlich Salzwasser bissfest garen.
7. Die Nudel abseihen, in der Stockfischsauce schwenken und auf Tellern anrichten.
8. Mit Stockfischstücken und Estragon garniert servieren.

Tipps **Sie können den Stockfisch durch Knurrhahn oder Drachenkopf ersetzen. Verwenden Sie statt Peperoni Tomaten oder Puntarelle.**

Andere Nudelsorten

> Corzetti
> Orecchiette

BIGOLI
mit Calamari

4 Personen | 40 Minuten | mittel

400 g **Calamari** oder Seppie, geputzt
2 **Knoblauchzehen,** fein gehackt
50 ml **Olivenöl**
30 ml **Weißwein**
60 g **schwarze Oliven** oder andere Oliven
3 EL **Basilikum,** fein geschnitten
Salz
Pfeffer aus der Mühle
400 g **Bigoli**
Basilikum

1. Calamari putzen, die Haut abziehen, gründlich waschen und in Stücke oder Ringe schneiden.
2. Knoblauch in Olivenöl dünsten. Weißwein, Oliven und Basilikum dazugeben und etwa **2 Minuten** kochen lassen.
3. Calamari dazugeben, mit Salz und Pfeffer würzen und einmal aufkochen lassen.
4. Die Bigoli nach Packungsanweisung in reichlich Salzwasser bissfest garen.
5. Abseihen und in der Sauce schwenken.
6. Mit Basilikum garniert servieren.

Tipps **Lassen Sie sich die Calamari schon vom Fischhändler putzen und in Ringe schneiden.**
Wenn Sie die Sauce schärfer möchten, würzen Sie sie mit ½ Peperoncino.

Andere Nudelsorten

> Farfalle
> Penne

FETTUCCINE
mit Zucchinicreme und Jakobsmuscheln

4 Personen | 40 Minuten | mittel

400 g **Zucchini**
1 **Knoblauchzehe,** fein gehackt
1 **Schalotte,** fein geschnitten
2 EL **Olivenöl**
200 ml **Wasser**
Salz
Pfeffer aus der Mühle
30 ml **Olivenöl** zum Mixen

400 g **Jakobsmuscheln,** geputzt
2 EL **Brotbrösel**
3 EL **Olivenöl**
400 g **Fettuccine** (siehe Seite 28)
100 g **Datteltomaten,** in Streifen geschnitten
2 EL **Butter**
Basilikum

1. Für die Zucchinicreme Zucchini putzen und in kleine Würfel schneiden.
2. Knoblauch und Schalotten in Olivenöl dünsten. Zucchini und Wasser dazugeben. Mit Salz und Pfeffer würzen und etwa **4 Minuten** weich dünsten.
3. Im Mixer mit Olivenöl pürieren.
4. Fettuccine in reichlich Salzwasser etwa **3 Minuten** kochen und abseihen.
5. Jakobsmuscheln mit Salz und Pfeffer würzen. Mit Brotbröseln bestreuen und in Olivenöl etwa **3 Minuten** braten.
6. Tomaten in Butter schwenken. Die Fettuccine dazugeben und vermischen.
7. Die Zucchinicreme auf Teller verteilen, die Nudeln darauf anrichten und mit Jakobsmuscheln und Basilikum garniert servieren.

Tipps **Ersetzen Sie die Zucchini durch Erbsen oder Saubohnen. Wenn Sie die Sauce schärfer möchten, würzen Sie sie mit ½ Peperoncino.**

Andere Nudelsorten
> Spaghetti
> Fettuccine

GNOCCHI SARDI
mit Miesmuscheln und Piccadilly-Tomaten

4 Personen · 40 Minuten · mittel · scharf

400 g **Miesmuscheln**
50 g **Zwiebeln,** fein geschnitten
1 **Knoblauchzehe,** fein gehackt
50 ml **Olivenöl**
30 ml **Weißwein**
500 g **Piccadilly-Tomaten,** geschält und geviertelt
1 **getrockneter Peperoncino,** gerieben
Salz
400 g **Gnocchi sardi** (siehe Schritt für Schritt Seite 46)
1 EL **Dill,** fein gezupft

1. Miesmuscheln putzen, waschen und von den Barthaaren befreien. Geöffnete Muscheln aussortieren.
2. Zwiebeln und Knoblauch in Olivenöl dünsten. Muscheln dazugeben und mit Weißwein aufgießen. Die Muscheln etwa **2 Minuten** zugedeckt garen, bis sich alle Muscheln geöffnet haben.
3. Das Muschelfleisch aus den Schalen nehmen und bereitstellen. Den Muschelsud durch ein Tuch gießen.
4. Piccadilly-Tomaten zum Muschelsud geben und mit Peperoncino und Salz würzen. Etwa **5 Minuten** kochen lassen.
5. Die Gnocchi sardi in reichlich Salzwasser etwa **6 Minuten** bissfest garen. Abseihen und in der Sauce schwenken.
6. Die Muscheln untermischen und mit Dill garniert servieren.

Tipps **Anstelle von Muscheln können Sie auch Garnelen oder Hummer verwenden.**
Wenn Sie keine Piccadilly-Tomaten bekommen, nehmen Sie Dattel- oder Kirschtomaten.
Ersetzen Sie den Dill durch Petersilie oder Oregano.
Sie können die Gnocchi sardi auch kaufen und dann nach Packungsanweisung garen.

Andere Nudelsorten
> Maccheroni
> Farfalle

MALLOREDDUS
mit geschmortem Oktopus

4 Personen   1 Stunde   mittel

500 g **Oktopus**
50 g **Zwiebeln**
30 ml **Olivenöl**
50 ml **Weißwein**
120 ml **Tomatensauce** (siehe Seite 32/49)
500 ml **Wasser**
1 **Lorbeerblatt**
Salz
Pfeffer aus der Mühle
1 EL **Petersilie,** fein geschnitten
1 **Knoblauchzehe,** in Scheiben geschnitten
100 g **Peperoni,** geschält und in Würfel geschnitten
400 g **Malloreddus** (siehe Seite 29)
Basilikum

1. Oktopus putzen, das harte Kauwerkzeug herausdrücken und die Haut abziehen. Gründlich waschen.
2. Zwiebeln schälen, fein schneiden und in Olivenöl anschwitzen.
3. Oktopus dazugeben und mitdünsten (siehe Schritt für Schritt Seite 53).
4. Mit Weißwein, Tomatensauce und Wasser aufgießen. Lorbeerblatt zufügen und mit Salz und Pfeffer würzen. Etwa **50 Minuten** schmoren lassen.
5. Oktopus aus der Sauce nehmen und die Sauce durch ein Sieb passieren. Das Fleisch von den Saugnäpfen befreien, in Stücke schneiden und wieder zur Sauce geben.
6. Petersilie, Knoblauch und Peperoni zufügen.
7. Malloreddus in reichlich Salzwasser etwa **10 Minuten** bissfest garen, abseihen und in der Sauce schwenken.
8. Mit Basilikum garniert servieren.

Tipps **Lassen Sie sich den Oktopus vom Fischhändler küchenfertig vorbereiten. Sollte die Sauce zu dünnflüssig sein, können Sie sie mit in kaltem Wasser oder Weißwein angerührter Speisestärke binden.**
Ersetzen Sie den Oktopus durch Moscardini.

Andere Nudelsorten

- Pappardelle
- Kartoffelnudeln

STRIGOLI mit Thunfisch und Ofenpeperoni

4 Personen 30 Minuten leicht

120 g **Schalotten** oder Zwiebeln
1 **Knoblauchzehe,** fein gehackt
50 ml **Olivenöl**
250 g **Ofenpeperoni** (siehe Tipp), in Würfel geschnitten
Salz
200 ml **Fleischsuppe** (siehe Seite 39) oder Nudelkochwasser
400 g **Strigoli**
250 g **Thunfisch,** in Würfel geschnitten
2 EL **Petersilie,** fein geschnitten
Pfeffer aus der Mühle
Kerbel

1. Schalotten schälen und in Streifen schneiden.
2. Zusammen mit Knoblauch in Olivenöl etwa **2 Minuten** dünsten.
3. Ofenpeperoni dazugeben, mit Salz würzen und mit Fleischsuppe aufgießen. Etwa **8 Minuten** kochen lassen.
4. Strigoli nach Packungsanweisung in reichlich Salzwasser bissfest garen.
5. Abseihen und in der Sauce schwenken. Den Thunfisch unterheben und mit Petersilie und Pfeffer würzen.
6. Auf Tellern anrichten und mit Kerbel garniert servieren.

Tipps **Für die Ofenpeperoni rösten Sie die Peperoni im Backofen bei starker Oberhitze (etwa 220 Grad), bis die Schalen braun sind und sich ablösen.**
Sie können auch gekochte Erbsen zur Sauce geben.
Ersetzen Sie den frischen Thunfisch durch Thunfisch in Öl.

Andere Nudelsorten

> Spaghetti
> Orecchiette

TOMATEN-NUDELBLÄTTER mit Saibling und Parmesan-Espuma

4 Personen | 40 Minuten | mittel

150 g **Tomatennudelteig** (siehe Seite 31)
300 g **Zucchini**
1 **Knoblauchzehe,** fein geschnitten
30 ml **Olivenöl**
Salz
Pfeffer aus der Mühle
300 g **Saiblingsfilet**
200 ml **Parmesan-Espuma** (siehe Seite 37)
Estragon
4 **Kapuzinerkresseblüten**

1. Den Tomatennudelteig mit der Nudelmaschine dünn ausrollen und Kreise (Ø 8 cm) ausstechen.
2. Zucchini waschen, putzen und in dünne Scheiben schneiden.
3. Mit Knoblauch in Olivenöl etwa **4 Minuten** dünsten. Mit Salz und Pfeffer würzen.
4. Die Nudelblätter in Salzwasser etwa **2 Minuten** kochen lassen. Mit dem Schaumlöffel herausnehmen und auf Küchenkrepp abtropfen lassen.
5. Saiblingsfilet in dünne Scheiben schneiden. Mit etwas Salz und Pfeffer würzen.
6. Die Parmesan-Espuma im Wasserbad auf etwa **60 Grad** erwärmen.
7. Einen heißen Teller mit Olivenöl bestreichen und darauf Nudelblätter, Zucchini, Estragon und Saibling schichten.
8. Mit Parmesan-Espuma, Estragon und Kapuzinerkresse garniert servieren.

Tipps **Sie können den Saibling auch durch in dünne Scheiben geschnittenen frischen Lachs oder Räucherlachs ersetzen.**
Verwenden Sie statt Zucchini Melanzane oder Fenchel.

Andere Teigsorten

> Eiernudelteig (S. 28)
> Vollkornnudelteig (S. 30)

TAGLIATELLE
mit Räucherlachs und Fenchelkraut

4 Personen | 50 Minuten | mittel

200 g **Räucherlachs**
40 g **Butter**
200 ml **Sahne**
Salz
400 g **Tagliatelle** (siehe Schritt für Schritt Seite 41)
Pfeffer aus der Mühle
4 **dünne Räucherlachsscheiben**
20 g **Fenchelkraut** mit Blüten

1. Für die Räucherlachssauce Räucherlachs in Streifen schneiden.
2. Butter in einer Pfanne schmelzen lassen, den Räucherlachs dazugeben und bei schwacher Hitze kurz schwenken.
3. Sahne zufügen, etwa **5 Minuten** einkochen lassen und eventuell etwas salzen.
4. Die Tagliatelle in reichlich Salzwasser etwa **3 Minuten** bissfest garen.
5. Abseihen, zur Sauce geben und gut vermengen. Mit Pfeffer würzen.
6. Mit Räucherlachsscheiben, Fenchelkraut und -blüten garniert servieren.

Tipps **Geben Sie noch gekochte kleine Broccoliröschen zur Räucherlachssauce.**
Zum Würzen können Sie auch frischen Dill, rosa oder grüne Pfefferkörner sowie Brandy verwenden.

Andere Nudelsorten
> gelbe, grüne oder schwarze Bandnudeln

SPAGHETTI
hausgemacht mit Garnelen und Erbsen

4 Personen | 40 Minuten | mittel | scharf

200 g **Erbsen**
400 g **Garnelen**
½ **Knoblauchzehe**
80 ml **Olivenöl**
20 ml **Brandy**
100 ml **Erbsenkochwasser**
1 EL **Petersilie,** fein geschnitten
1 **getrockneter Peperoncino,** fein gerieben
Salz
40 g **Butter**
400 g **weißer Nudelteig** (siehe Seite 29)
1 TL **rosa Pfeffer,** gemahlen
Kornblumen
Bohnenkraut

1. Erbsen in Salzwasser etwa **4 Minuten** köcheln lassen, abseihen und das Kochwasser dabei auffangen.
2. Garnelen vom Panzer befreien und den Darm entfernen. In Stücke schneiden und mit Knoblauch in Olivenöl etwa **2 Minuten** braten.
3. Mit Brandy ablöschen und Erbsen sowie Erbsenkochwasser dazugeben. Mit Petersilie, Peperoncino und Salz würzen und die kalte Butter unterrühren.
4. Den weißen Nudelteig mit der Nudelmaschine 3 mm dick ausrollen und in etwa 20 cm lange Nudelblätter teilen.
5. Mit dem Tagliolini-Aufsatz der Nudelmaschine feine vierkantige Spaghetti (Spagehtti alla chitarra) schneiden.
6. In reichlich kochendem Salzwasser etwa **3 Minuten** garen, abseihen und in der Sauce schwenken.
7. Mit rosa Pfeffer, Kornblumen und Bohnenkraut garniert servieren.

Tipps **Sie können die Garnelen durch Langusten, Hummer, Flusskrebse oder Scampi ersetzen.**
Verwenden Sie statt Erbsen gekochte Kichererbsen oder Bohnen.

Andere Nudelsorten

> Pappardelle
> Maltagliati

LINGUINE
mit Garnelen und Curry

4 Personen | 40 Minuten | mittel | scharf

300 g **Garnelenschwänze**
400 g **Tomaten**
1 **Knoblauchzehe,** fein geschnitten
50 ml **Olivenöl**
100 g **Lauch,** in feine Streifen geschnitten
2 EL **Petersilie,** fein geschnitten
5 g **Ingwer,** gerieben
Salz
1 **frischer Peperoncino,** fein geschnitten
400 g **Linguine**
1 TL **Currypulver**
1 EL **Kräuteröl** (siehe Seite 36)

1. Für die Garnelensauce Garnelen vom Panzer befreien und den Darm entfernen.
2. Tomaten häuten und in Würfel schneiden.
3. Garnelenschwänze mit Knoblauch in Olivenöl etwa **2 Minuten** leicht anbraten, Lauch dazugeben und etwa **3 Minuten** mitdünsten.
4. Tomatenwürfel zufügen und mit Petersilie, Ingwer, Salz und Peperoncino würzen.
5. Die Linguine nach Packungsanweisung in reichlich Salzwasser bissfest garen.
6. Abseihen und in der Sauce schwenken, mit Currypulver bestreuen und mit Petersilienöl garniert servieren.

Tipps **Diese Sauce passt auch hervorragend zu einem Risotto. Wenn Kinder mitessen, sollten Sie nur sehr wenig Ingwer und Peperoncino verwenden, da beide Gewürze sehr scharf sind.**

Andere Nudelsorten

> Vollkornnudeln (S. 30)

> Reisnudeln

PIZZICOTTI
mit Räucheraal und Bohnen

4 Personen · 30 Minuten · leicht

400 g **weißer Nudelteig** (siehe Seite 29)
40 g **Zwiebeln,** fein geschnitten
1 **Knoblauchzehe,** fein gehackt
50 ml **Olivenöl**
300 g **Cannellini-Bohnen,** gekocht
200 g **Räucheraal,** in Würfel geschnitten
60 g **getrocknete Tomaten,** in Würfel geschnitten
Salz
Pfeffer aus der Mühle
200 ml **Nudelkochwasser**
Kerbel

1. Den Nudelteig zu 1 cm dicken Strängen rollen. Etwa 5 mm dicke Stücke abschneiden und mit den Fingern zu kleinen Pizzicotti formen.
2. Zwiebeln und Knoblauch in Olivenöl etwa **4 Minuten** dünsten. Cannellini-Bohnen, Räucheraal und getrocknete Tomaten dazugeben und etwa **2 Minuten** mitdünsten.
3. Mit Salz und Pfeffer würzen, Nudelkochwasser angießen und die Sauce einkochen lassen.
4. Die Pizzicotti in reichlich Salzwasser etwa **10 Minuten** bissfest garen.
5. Abseihen und zur Sauce geben, gut vermischen und mit Kerbel garniert servieren.

Tipps **Die Cannellini-Bohnen können Sie durch gekochte Saubohnen oder grüne Bohnen ersetzen.**
Statt Aal können Sie Räucherlachs, Räucherforelle oder Thunfisch verwenden.

Andere Nudelsorten

- > Bigoli
- > Garganelli

VERMICELLI alla puttanesca

4 Personen | 20 Minuten | leicht | scharf

100 ml **Olivenöl**
2 **Knoblauchzehen,** fein gehackt
500 g **Tomaten,** in Würfel geschnitten
50 g **schwarze Oliven,** entkernt und halbiert
30 g **Salzkapern,** gewaschen
4 **Sardellenfilets** in Öl
Salz
2 **frische Peperoncini,** fein geschnitten
2 EL **Petersilie,** fein geschnitten
Oregano
400 g **Vermicelli**

1. Olivenöl mit Knoblauch erhitzen, Tomaten dazugeben und etwa **3 Minuten** kochen lassen.
2. Oliven und Kapern zufügen und etwa **5 Minuten** mitdünsten, bis die Sauce etwas eingekocht ist.
3. Sardellenfilets zerteilen, zur Sauce geben und so lange mitkochen, bis sie zerfallen.
4. Mit Salz, Peperoncini, Petersilie und Oregano würzen.
5. Vermicelli nach Packungsanweisung in reichlich Salzwasser bissfest garen. Abseihen und gut abtropfen lassen.
6. Die Nudeln mit der Sauce vermischen und eventuell mit Salz und Pfeffer abschmecken.
7. Auf Tellern anrichten und mit Oregano garniert servieren.

Tipps **Ersetzen Sie die frischen Tomaten durch Tomaten aus der Dose. Wenn Sie die Sauce noch schärfer möchten, geben Sie 1–2 getrocknete Peperoncini hinzu.**

Andere Nudelsorten
> Spaghetti
> Linguine

156

158

160

168

170

172

180

182

184

192

194

196

Fleisch, Geflügel & Käse

ROHNENRAVIOLI
mit Ricotta-Kräuter-Füllung

4 Personen | 50 Minuten | leicht | vegetarisch

50 g **Zwiebeln**
1 **Knoblauchzehe,** fein geschnitten
100 g **Butter**
250 g **Ricotta**
je 1 TL **Petersilie, Kerbel, Basilikum,** fein geschnitten
Pfeffer aus der Mühle
Salz
1 Msp. **Kümmel,** fein gehackt
150 g **Rohnennudelteig** (siehe Seite 31)
100 ml **Rohnensaft**
200 g **Rohnen,** gekocht
2 EL **Parmesan,** fein gehobelt
Kräuter (Pimpinelle, Oregano, Bohnenkraut, Basilikum)

1. Für die Ricotta-Kräuter-Füllung Zwiebeln schälen, in kleine Würfel schneiden und mit Knoblauch in 50 g Butter etwa **3 Minuten** dünsten.
2. Ricotta und Kräuter dazugeben, gut vermischen und mit Salz, Pfeffer und Kümmel würzen.
3. Den Rohnennudelteig mit der Nudelmaschine dünn ausrollen und in 4 cm große Quadrate schneiden. Auf die Hälfte der Nudelblätter etwas Ricotta-Kräuter-Füllung geben, mit den restlichen Nudelblättern abdecken und die Ränder gut andrücken (siehe Schritt für Schritt Seite 42/43).
4. Die Ravioli in kochendem Salzwasser etwa **4 Minuten** garen. Mit einer Schaumkelle herausnehmen.
5. Den Rohnensaft auf die Hälfte einkochen lassen und die restliche Butter einrühren. Rohnen in Scheiben schneiden und mit den Ravioli in die Sauce geben. Kurz erwärmen und auf Tellern anrichten.
6. Mit Parmesan und Kräutern garniert servieren.

Tipp **Sie können den Ricotta durch Ziegenfrischkäse ersetzen.**

Andere Teigsorten

> Eiernudelteig (S. 28)
> Roggennudelteig (S. 30)

PAPPARDELLE
mit Geflügelfüllung und Trüffeln

4 Personen · 50 Minuten · leicht

150 g **Eiernudelteig** (siehe Seite 28)
200 g **Geflügelfüllung** (siehe Seite 38 Tipp)
200 ml **Fleischsuppe** (siehe Seite 39) oder Nudelkochwasser
4 EL **Parmesan,** gerieben
40 g **kalte Butter**
20 g **schwarze Trüffeln,** gehobelt
Kornblumen und **Gundelrebe** zum Garnieren

1. Den Eiernudelteig mit der Nudelmaschine dünn ausrollen.
2. Die Geflügelfüllung in einen Spritzsack mit Lochtülle (Ø 5 mm) füllen und die Füllung als 10 cm langen Streifen auf ein Teigblatt spritzen. Mit einem zweiten Teigblatt abdecken und gut andrücken. In etwa 12 cm lange und 3 cm breite Pappardelle schneiden und die Seiten fest andrücken.
3. Die Pappardelle im kochenden Salzwasser etwa **3 Minuten** garen und abseihen.
4. Fleischsuppe etwas einreduzieren lassen, 2 EL Parmesan dazugeben und mit Butter binden.
5. Die Pappardelle auf einen Teller geben und mit der Buttersauce übergießen.
6. Mit Trüffelscheiben, Parmesan, Kornblumen und Gundelrebe garniert servieren.

Tipp **Statt Trüffeln können Sie auch gerösteten Speck verwenden.**

Andere Teigsorten

- Spinatnudelteig (S. 31)
- Buchweizennudelteig (S. 30)

RAVIOLI
mit Almkäse-Fonduta und Pfifferlingen

4 Personen · 50 Minuten · leicht

70 g **Butter**
20 g **Mehl**
300 ml **Milch**
200 g **Almkäse,** gerieben
1 EL **Nussöl**
1 Msp. **Zitronenschale,** gerieben
Salz
Pfeffer aus der Mühle

150 g **Eiernudelteig** (siehe Seite 28)
200 g **Pfifferlinge**
50 g **Schalotten,** fein geschnitten
1 EL **Olivenöl**
100 ml **Nudelkochwasser**
2 EL **Petersilie,** fein geschnitten
Olivenöl

1. Für die Almkäse-Fonduta 30 g Butter schmelzen lassen, Mehl einrühren und mit Milch aufgießen. Etwa **5 Minuten** kochen lassen.
2. Almkäse dazugeben und schmelzen lassen. Mit Nussöl, Zitronenschale, Salz und Pfeffer würzen und auskühlen lassen.
3. Den Eiernudelteig mit der Nudelmaschine dünn ausrollen.
4. Die Almkäse-Fonduta in einen Spritzsack mit Lochtülle (Ø 5 mm) füllen und kleine Häufchen auf die Teigblätter spritzen. Mit einem zweiten Nudelblatt abdecken und den Teig um die Füllung gut andrücken. Mit einem gezahnten Ravioliausstecher (Ø 3 cm) Ravioli ausstechen und die Teigränder fest andrücken (siehe Schritt für Schritt Seite 42/43).
5. Ravioli in kochendem Salzwasser etwa **3 Minuten** garen.
6. Pfifferlinge und Schalotten kurz in Olivenöl rösten, mit Nudelkochwasser aufgießen, kurz einkochen lassen und mit Petersilie und 40 g Butter verfeinern.
7. Die Ravioli in der Sauce schwenken.
8. Auf Tellern anrichten und mit etwas Olivenöl beträufelt servieren.

Tipp **Sie können die Pfifferlinge auch durch geröstete Steinpilze ersetzen.**

Andere Teigsorten

- Spinatnudelteig (S. 31)
- Buchweizennudelteig (S. 30)

CONCHIGLIE
mit Gorgonzola-Mascarpone-Sauce und Rucola

4 Personen | 20 Minuten | leicht

100 ml **Sahne**
120 g **Gorgonzola**
80 g **Mascarpone**
Salz
Pfeffer aus der Mühle
400 g **Conchiglie**
50 ml **Nudelkochwasser**
100 g **Rucola,** in Streifen geschnitten
50 g **Brotwürfel,** geröstet

1. Für die Käsesauce Sahne in einem Topf aufkochen, Gorgonzola und Mascarpone dazugeben und schmelzen lassen.
2. Wenn die Sauce cremig ist, mit Salz und Pfeffer abschmecken. (ACHTUNG: Der Käse ist schon sehr würzig!)
3. Die Conchiglie nach Packungsanweisung in reichlich Salzwasser bissfest garen und abseihen.
4. Die Sauce erhitzen, Nudelkochwasser, Conchiglie und Rucola dazugeben und gut vermengen.
5. Auf Tellern anrichten und mit Brotwürfeln garniert servieren.

Tipps **Sie können die Sauce zum Schluss noch mit etwas fein geschnittener Gartenkresse verfeinern.**
Streuen Sie statt der Brotwürfel zerbröselte Amaretti-Kekse über die Nudeln.

Andere Nudelsorten
> Penne
> Maccheroni

MACCHERONI
all'amatriciana

4 Personen | 20 Minuten | leicht | scharf

120 g **Bauchspeck**
120 g **Zwiebeln**
1 **Knoblauchzehe,** fein gehackt
50 ml **Olivenöl**
250 g **Tomatensauce** (siehe Seite 32/49)
1 **kleines Lorbeerblatt**
Salz
Pfeffer aus der Mühle
1 EL **Petersilie,** fein geschnitten
2 **getrocknete Peperoncini,** gerieben
400 g **Maccheroni**
Petersilie oder Oregano
2 EL **Parmesan,** gehobelt

1. Bauchspeck in Streifen schneiden.
2. Zwiebel schälen, halbieren und ebenfalls in Streifen schneiden.
3. Zwiebeln und Knoblauch in Olivenöl anbraten, Speck dazugeben und etwa **4 Minuten** braten.
4. Tomatensauce und Lorbeerblatt zufügen und mit Salz, Pfeffer, Petersilie und Peperoncini würzen. Etwa **5 Minuten** kochen lassen.
5. Maccheroni nach Packungsanweisung in reichlich Salzwasser bissfest garen.
6. Abseihen und gut abtropfen lassen.
7. Die Nudeln mit der Sauce vermischen, auf Tellern anrichten und mit Petersilie und Parmesan garniert servieren.

Tipps **Sie können die Sauce auch mit Kerbel verfeinern. Ersetzen Sie den Bauchspeck durch Guanciale.**

Andere Nudelsorten
> Orecchiette
> Bucatini

TORTELLINI
mit Kürbis und Pecorino

4 Personen · 1 Stunde · mittel

250 g **Kürbis,** in feine Würfel geschnitten
1 EL **Butter**
100 g **Topfen**
1 TL **Thymian,** fein geschnitten
40 g **Pecorino,** gerieben
Salz
Pfeffer aus der Mühle
150 g **Eiernudelteig** (siehe Seite 28)
200 g **Kürbis,** gekocht und fein püriert
50 g **Nussbutter**
Pecorino, gerieben
10 **Amaretti-Kekse,** grob zerbröselt
Thymian

1. Für die Kürbisfüllung Kürbiswürfel in Butter etwa **5 Minuten** weich dünsten.
2. Mit Topfen, Thymian und Pecorino vermischen und mit Salz und Pfeffer würzen.
3. Den Eiernudelteig dünn ausrollen und Kreise (Ø 6 cm) ausstechen. Auf jedes Teigblatt etwas Kürbisfüllung setzen, die Ränder mit Wasser bestreichen und zu Tortellini falten. Die Teigränder gut zusammendrücken (oder siehe Schritt für Schritt Seite 44).
4. Die Tortellini in kochendem Salzwasser etwa **2 Minuten** garen, mit einer Schaumkelle herausnehmen und gut abtropfen lassen.
5. Den pürierten Kürbis mit Salz und Pfeffer abschmecken, auf Teller verteilen und die Tortellini darauf anrichten. Mit Nussbutter übergießen und mit Pecorino, Amaretti-Bröseln und Thymian garniert servieren.

Tipp **Sie können die Tortellini auch mit Käse überbacken, z. B. mit Taleggio oder Fontina.**

Andere Teigsorten

> Spinatnudelteig (S. 31)
> gebrannter Nudelteig (S. 29)

GARGANELLI
mit Rohschinken und Puntarelle

4 Personen | 40 Minuten | leicht | scharf

300 g **Puntarelle**
50 g **Zwiebeln,** fein geschnitten
1 **Knoblauchzehe,** fein gehackt
100 g **Olivenöl**
100 ml **Nudelkochwasser**
Salz
Pfeffer aus der Mühle
2 **frische Peperoncini,** in Streifen geschnitten
2 EL **Petersilie,** fein geschnitten
40 g **kalte Butter**
400 g **Garganelli**
100 g **Rohschinken,** in Streifen geschnitten und geröstet

1. Puntarelle putzen und in kochendem Salzwasser etwa **5 Minuten** garen.
2. Abseihen und im kalten Wasser abschrecken, damit die grüne Farbe erhalten bleibt. Gut abtropfen lassen.
3. Zwiebeln und Knoblauch kurz in Olivenöl anschwitzen.
4. Mit Nudelkochwasser aufgießen und Puntarelle zufügen. Mit Salz und Pfeffer würzen und etwas einkochen lassen.
5. Ein Drittel der Puntarelle im Mixer pürieren, wieder in die Sauce geben und mit Peperoncini, Petersilie und Butter verfeinern.
6. Die Garganelli nach Packungsanweisung in reichlich Salzwasser bissfest garen und abseihen.
7. Die Nudeln und den Rohschinken zur Sauce geben, alles gut vermischen und auf Tellern anrichten.

Tipps **Sie können die Puntarelle durch Saubohnen oder Erbsen ersetzen. Statt Rohschinken können Sie Guanciale, Bauchspeck oder Salami verwenden.**

Andere Nudelsorten

> Gnocchi sardi
> Penne

FUSILLI
mit Radicchio und Speck

4 Personen | 40 Minuten | leicht | scharf

80 g **Zwiebeln,** fein geschnitten
1 **Knoblauchzehe,** fein gehackt
100 g **Speck,** in Würfel geschnitten
50 g **Olivenöl**
200 g **Radicchio,** in Blättchen geschnitten
100 ml **Nudelkochwasser**
1 **getrockneter Peperoncino,** gerieben
Salz
Pfeffer aus der Mühle
1 EL **Petersilie,** fein geschnitten
40 g **kalte Butter**
400 g **Fusilli**
30 g **Pecorino,** gerieben
8 **Speckscheiben**

1. Zwiebeln, Knoblauch und Speck in Olivenöl kurz anrösten. Radicchio dazugeben und etwa **5 Minuten** dünsten.
2. Mit Nudelkochwasser aufgießen und mit Peperoncino, Salz und Pfeffer würzen.
3. Etwas einkochen lassen und Petersilie und Butter zufügen.
4. Die Fusilli nach Packungsanweisung in reichlich Salzwasser bissfest garen und abseihen.
5. Zur Sauce geben und gut durchschwenken.
6. Mit Pecorino und Speckscheiben garniert servieren.

Tipps **Sie können den Pecorino auch durch Parmesan ersetzen.**
Anstelle von Speck können Sie Guanciale, Bauchspeck oder Salami verwenden.

Andere Nudelsorten

> Gnocchi sardi
> Penne

LASAGNE
Bolognese

4 Personen 1½ Stunden mittel

150 g **Eiernudelteig** (siehe Seite 28)
1 l **Béchamelsauce** (siehe Seite 36/47)
400 g **Fleischragout** (siehe Seite 34/51)
50 g **Parmesan,** gerieben
Butter, zerlassen
10 **Basilikumblätter,** fein geschnitten
2 EL **Kräuteröl** (siehe Seite 36)

1. Den Eiernudelteig mit der Nudelmaschine dünn ausrollen und in etwa 8 × 10 cm große Lasagneblätter schneiden.
2. Lasagneblätter in kochendem Salzwasser etwa **2 Minuten** bissfest garen, mit dem Schaumlöffel herausnehmen und mit kaltem Wasser abschrecken. Auf Küchenkrepp abtropfen lassen.
3. Etwas Béchamelsauce in eine ausgebutterte feuerfeste Form geben. Lasagneblätter, Fleischragout und Béchamelsauce übereinanderschichten, mit Parmesan und Basilikum bestreuen.
4. Den Vorgang so lange wiederholen, bis alle Lasagneblätter aufgebraucht sind.
5. Die letzte Schicht mit reichlich Béchamelsauce bedecken und etwas Fleischragout darauf verteilen. Mit Parmesan bestreuen und mit Butter beträufeln.
6. Im auf **180 Grad** vorgeheizten Backofen etwa **30 Minuten** backen.
7. Mit Basilikum und Kräuteröl garniert servieren.

Tipps **Sie können die Béchamelsauce und das Fleischragout auch vermischen und dann auf die Nudelblätter geben.**
Wenn Sie fertige Lasagneblätter verwenden, garen Sie diese nach Packungsanweisung.

Andere Teigsorten

> Spinatnudelteig (S. 31)
> Vollkornnudelteig (S. 30)

CANNELLONI
mit Fleischfüllung

4 Personen 1½ Stunden leicht

150 g **Eiernudelteig** (siehe Seite 28)
300 g **Fleischfüllung** (siehe Seite 38)
40 g **Butter,** zerlassen
500 ml **Béchamelsauce** (siehe Seite 36/47)
20 g **Parmesan,** gerieben
100 ml **Tomatensauce** (siehe Seite 32/49)
Basilikum
1 EL **Kräuteröl** (siehe Seite 36)

1. Den Eiernudelteig mit der Nudelmaschine dünn ausrollen und in 6 × 10 cm große Nudelblätter schneiden. In kochendem Salzwasser etwa 1 Minute garen. Mit dem Schaumlöffel herausnehmen und mit kaltem Wasser abschrecken. Auf Küchenkrepp abtropfen lassen.
2. Die Fleischfüllung in einen Spritzsack mit großer Lochtülle füllen und als Streifen auf die Teigblätter aufspritzen (siehe Schritt für Schritt Seite 45).
3. Die Nudelblätter einrollen und in 4 cm lange Stücke schneiden.
4. Etwas Béchamelsauce in eine gebutterte feuerfeste Form geben und die Cannelloni mit der Naht nach unten daraufsetzen.
5. Die restliche Béchamelsauce auf den Cannelloni verteilen, mit Parmesan bestreuen und mit Tomatensauce und Butter beträufeln.
6. Im auf **180 Grad** vorgeheizten Backofen etwa **15 Minuten** backen.
7. Mit Basilikum und Kräuteröl garniert servieren.

Tipps **Sie können die Tomatensauce auch weglassen.**
Wenn Sie die Cannelloni vegetarisch zubereiten möchten, füllen Sie sie mit Ricotta.

Andere Teigsorten

- Tomatennudelteig (S. 31)
- Vollkornnudelteig (S. 30)

MALTAGLIATI
mit Kichererbsen und Speck

4 Personen 1 Stunde leicht

250 g **Kichererbsen**
1 **Lorbeerblatt**
80 g **Zwiebeln,** in Streifen geschnitten
100 g **Bauchspeck,** in Streifen geschnitten
50 ml **Olivenöl**
80 ml **Weißwein**
250 ml **Kichererbsenkochwasser**
1 **Rosmarinzweig,** fein gehackt
1 **Thymianzweig,** fein gehackt
½ **Knoblauchzehe,** fein gehackt
Salz
Pfeffer aus der Mühle
400 g **Maltagliati** (siehe Seite 28)
16 **kleine Bauchspeckscheiben,** gerollt
Kerbel
Distelblüten

1. Kichererbsen über Nacht einweichen. Das Einweichwasser abgießen und die Kichererbsen mit dem Lorbeerblatt in Salzwasser etwa **1 Stunde** weich kochen. Abseihen und das Kochwasser dabei auffangen.
2. Zwiebeln und Bauchspeck in Olivenöl dünsten, Kichererbsen dazugeben und mit Weißwein ablöschen.
3. Das Kochwasser der Kichererbsen, Rosmarin, Thymian und Knoblauch dazugeben und etwa **8 Minuten** langsam köcheln lassen. Mit Salz und Pfeffer würzen.
4. Die Maltagliati in reichlich kochendem Salzwasser etwa **3 Minuten** garen.
5. Abseihen und in der Sauce schwenken.
6. Mit Speckröllchen, Kerbel, Distelblüten und Pfeffer garniert servieren.

Tipps **Lassen Sie die Kichererbsen so lange kochen, bis sie fast zerfallen. Sie können die Kichererbsen auch durch weiße Bohnen oder Cannellini-Bohnen ersetzen.**

Andere Nudelsorten

- Orecchiette
- Garganelli

BUCATINI
mit Rohschinken und roter Zwiebel

4 Personen 20 Minuten leicht

120 g **rote Zwiebeln**
1 **Knoblauchzehe,** fein gehackt
60 ml **Olivenöl**
100 g **Rohschinken,** in Streifen geschnitten
1 EL **Basilikum,** fein geschnitten
20 g **Petersilie,** fein geschnitten
Salz
Pfeffer aus der Mühle
400 g **Bucatini**
Petersilie

1. Rote Zwiebeln schälen, in feine Längsstreifen schneiden und mit Knoblauch im Olivenöl etwa **4 Minuten** dünsten.
2. Rohschinken dazugeben und etwa **2 Minuten** mitdünsten.
3. Basilikum und Petersilie zufügen und mit Salz und Pfeffer würzen.
4. Die Bucatini nach Packungsanweisung in reichlich Salzwasser bissfest garen.
5. Abseihen und in der Sauce schwenken.
6. Mit Pfeffer und Petersilie garniert servieren.

Tipps **Sie können statt Basilikum und Petersilie auch Kerbel und Oregano verwenden.**
Ersetzen Sie den Rohschinken durch Bauchspeck oder Guanciale.

Andere Nudelsorten
> Bavette
> Spaghetti

MACCHERONI
alla calabrese

4 Personen | 20 Minuten | leicht | scharf

200 g **Melanzane**
200 g **Tomaten**
1 **Knoblauchzehe,** fein gehackt
80 ml **Olivenöl**
Salz
50 g **scharfe Salami,** in dünne Scheiben geschnitten
1 EL **Petersilie,** fein geschnitten
Pfeffer aus der Mühle
320 g **Maccheroni**
100 g **Mozzarella,** in Würfel geschnitten
Petersilie

1. Melanzane schälen und in 5 mm große Würfel schneiden. Tomaten häuten und ebenfalls in Würfel schneiden.
2. Knoblauch in Olivenöl farblos anschwitzen, Melanzane dazugeben, salzen und etwa **5 Minuten** anbraten.
3. Salami und Tomaten zufügen. Mit Petersilie, Salz und Pfeffer würzen und weitere **5 Minuten** dünsten.
4. Die Maccheroni nach Packungsanweisung in reichlich Salzwasser bissfest garen.
5. Abseihen und in der Sauce schwenken.
6. Mit Mozzarella und Petersilie garniert servieren.

Tipps **Sie können die frischen Tomaten auch durch Tomaten aus der Dose ersetzen.**
Streuen Sie die Mozzarellawürfel erst kurz vor dem Servieren über die Nudeln.
Wenn die Salami nicht sehr scharf ist, würzen Sie die Sauce noch mit etwas Peperoncino.

Andere Nudelsorten

> Mezze maniche
> Corzetti

LUMACHINE
mit Salsicce und Mangold

4 Personen | 30 Minuten | leicht | scharf

40 g **Zwiebeln,** fein geschnitten
1 **Knoblauchzehe,** fein gehackt
50 ml **Olivenöl**
200 g **Salsicce** (italienische Schweinswurst)
300 g **Tomaten,** in Würfel geschnitten
200 g **Mangoldblätter,** grob geschnitten
Salz
½ **Peperoncino**
400 g **Lumachine**
2 EL **Parmesan,** fein gerieben

1. Zwiebeln und Knoblauch in Olivenöl dünsten.
2. Salsicce in kleine Stücke schneiden, dazugeben und etwa **5 Minuten** braten.
3. Tomatenwürfel und Mangold zufügen und etwa **5 Minuten** dünsten. Mit Salz und Peperoncino würzen.
4. Die Lumachine nach Packungsanweisung in reichlich Salzwasser bissfest garen.
5. Abseihen und in der Sauce schwenken. Eventuell mit Salz würzen.
6. Mit Parmesan bestreut servieren.

Tipps **Ersetzen Sie die Tomatenwürfel durch Tomatensauce (siehe Seite 32/49).**
Statt Salsiccie können Sie auch Sopressa verwenden.
Servieren Sie dazu Feldsalat, Rucola oder andere Salate der Saison.

Andere Nudelsorten
> Farfalle
> Tagliolini

PAPPARDELLE
mit Wildragout

4 Personen | 1½ Stunden | mittel

40 g **Zwiebeln**
20 g **Karotten**
20 g **Sellerie**
20 g **Öl**
400 g **Wildfleisch** (Reh oder Hirsch)
½ EL **Tomatenmark**
125 ml **dunkler kräftiger Rotwein**
250 ml **Fleischsuppe** (siehe Seite 39) oder Wasser
1 **Rosmarinzweig**
1 **Thymianzweig**
1 **Salbeiblatt**
½ **Knoblauchzehe,** fein gehackt
3 **Wacholderbeeren,** zerdrückt
Pfeffer aus der Mühle
Salz
100 g **Steinpilze,** in Würfel geschnitten und geröstet
400 g **Pappardelle** (siehe Seite 28)
Kerbel

1. Für das Wildragout Zwiebeln schälen, Karotten und Sellerie waschen und schälen und alles in kleine Würfel schneiden. In Öl etwa **4 Minuten** dünsten.
2. Wildfleisch in 1½ cm große Würfel schneiden, dazugeben und etwa **10 Minuten** mitdünsten.
3. Tomatenmark zufügen, mitrösten und nach und nach mit Rotwein ablöschen.
4. Mit Fleischsuppe aufgießen und das Ragout bei schwacher Hitze etwa **40 Minuten** köcheln lassen.
5. Kurz vor Ende der Garzeit Rosmarin, Thymian, Salbei, Knoblauch, Wacholderbeeren und Steinpilze dazugeben. Mit Salz und Pfeffer würzen und die Sauce noch etwa **10 Minuten** kochen lassen.
6. Die Pappardelle in kochendem Salzwasser etwa **4 Minuten** garen.
7. Abseihen, zum Wildragout geben und gut vermischen.
8. Mit Kerbel garniert servieren.

Tipps **Statt Wildfleisch können Sie Lammfleisch verwenden. Sie können die Nudeln auch mit Rucola garniert servieren.**

Andere Nudelsorten

> Buchweizennudeln
> Tagliatelle

SPAGHETTI
Bologenese

4 Personen 1½ Stunden mittel vegetarisch

400 g **Spaghetti**
500 g **Fleischragout** (siehe Seite 34/51)
2 EL **Parmesan**
Basilikum

1. Die Spaghetti nach Packungsanweisung in reichlich Salzwasser bissfest garen und abseihen.
2. Das Fleischragout erwärmen.
3. Die Spaghetti auf Tellern anrichten und die Sauce daraufgeben.
4. Mit Parmesan bestreuen und mit Basilikum garniert servieren.

Tipps **Falls die Sauce sehr flüssig ist, können Sie sie mit in kaltem Wasser angerührter Speisestärke binden. Um sie etwas flüssiger zu machen, geben Sie etwas Nudelkochwasser dazu.**
Das Fleischragout lässt sich gut einfrieren.
Servieren Sie dazu frisches Weißbrot.
Vollenden Sie das Gericht mit einer Butterrolle.

Andere Nudelsorten

- Tagliatelle
- Fettuccine

DITALONI RIGATI
mit Bohnen und Sopressa

4 Personen · 40 Minuten · mittel

100 g **Risina-Bohnen** oder Cannellini-Bohnen
1 **Knoblauchzehe,** fein gehackt
40 ml **Olivenöl**
1 l **Wasser**
Salz
Pfeffer aus der Mühle
400 g **Ditaloni rigati**
40 g **kalte Butter**
120 g **Sopressa,** in feine Streifen geschnitten
1 EL **Bohnenkraut,** fein geschnitten
1 EL **Petersilie,** fein geschnitten
8 **Sopressa-Scheiben**

1. Bohnen **2 Stunden** in kaltem Wasser einweichen.
2. Knoblauch in Olivenöl anschwitzen, Bohnen dazugeben, salzen und mit Wasser aufgießen. Mit geschlossenem Deckel auf kleiner Flamme etwa **25 Minuten** dünsten.
3. Sopressa-Streifen, Bohnenkraut und Petersilie dazugeben und mit kalter Butter binden.
4. Die Ditaloni rigati nach Packungsanweisung in reichlich Salzwasser bissfest garen.
5. Abseihen und gut abtropfen lassen.
6. Die Nudeln zur Sauce geben, gut vermischen und auf Tellern anrichten.
7. Mit Sopressa-Scheiben garniert servieren.

Tipps **Ersetzen Sie die Bohnen durch Saubohnen oder Erbsen. Sie können statt Sopressa auch Rohschinken oder Speck verwenden.**

Andere Nudelsorten

> Bavette
> Spaghetti

SPAGHETTI
alla carbonara

4 Personen 20 Minuten leicht

120 g **Guanciale** (Schweinebackenspeck), Bauchspeck oder Rohschinken
1 EL **Butter**
2 **Eigelb**
1 **Ei**
2 EL **Parmesan,** gerieben
Salz
Pfeffer aus der Mühle
400 g **Spaghetti**
50 ml **Nudelkochwasser**
Basilikum, in Streifen geschnitten

1. Guanciale in Streifen schneiden und in Butter etwa **4 Minuten** braten.
2. Eigelb, Ei und Parmesan in einer Schüssel verrühren, mit Salz und Pfeffer würzen.
3. Die Spaghetti nach Packungsanweisung in reichlich Salzwasser bissfest garen.
4. Abseihen und zum Guanciale geben.
5. Ei-Parmesan-Mischung und Nudelkochwasser unter die Nudeln rühren (ACHTUNG: Nicht kochen lassen, da das Ei sonst stockt!), gut vermischen und eventuell nachwürzen.
6. Mit Basilikum bestreuen und sofort servieren.

Tipps **Statt Nudelkochwasser können Sie auch Sahne verwenden. Servieren Sie dazu einen Blattsalat der Saison.**

Andere Nudelsorten

> Fusilli
> Fettuccine

GLASNUDELN
mit Hühnerbrust und Papaya

4 Personen 40 Minuten mittel scharf

400 g **Hühnerbrust**
Salz
Pfeffer aus der Mühle
½ TL **Curry**
½ TL **Ingwer,** gerieben
½ TL **Kreuzkümmel**
2 EL **Chilipaste** oder Chilisauce
30 ml **Olivenöl**
400 g **Glasnudeln**
200 g **Papaya**
2 EL **Petersilie,** fein geschnitten
30 ml **Reisessig**
Kornblumen und **Koriander** zum Garnieren

1. Hühnerbrust in 2 cm große Würfel schneiden. Mit Salz, Pfeffer, Curry, Ingwer, Kreuzkümmel und Chilipaste vermischen und in Olivenöl etwa **4 Minuten** braten.
2. Die Glasnudeln nach Packungsanweisung in Salzwasser garen und abseihen.
3. Die Papaya schälen und in 2 cm große Würfel schneiden.
4. Mit Glasnudeln, Hühnerbrust und Petersilie vermischen und mit Reisessig und Salz würzen.
5. Mit Kornblumen und Koriander garniert servieren.

Tipps **Sie können die Papaya auch durch Mango oder Ananas ersetzen. Statt Koriander können Sie Kresse oder Kerbel verwenden.**

Andere Nudelsorten

> Tagliolini
> Trenette

FUSILLI
mit Peperonicreme und Burrata

4 Personen 40 Minuten mittel

200 g **rote Peperoni**
40 ml **Olivenöl**
1 **Knoblauchzehe,** fein gehackt
Salz
200 ml **Fleischsuppe** (siehe Seite 39) oder Nudelkochwasser
Pfeffer aus der Mühle
400 g **Fusilli**
200 g **Burrata**
1 TL **geräuchertes Paprikapulver** oder Paprikapulver
Minze, fein geschnitten

1. Für die Peperonicreme Peperoni mit dem Sparschäler schälen und in Stücke schneiden.
2. Olivenöl leicht erhitzen und Knoblauch darin dünsten. Peperoni dazugeben, salzen und mit Fleischsuppe aufgießen. Etwa **15 Minuten** dünsten, mit Pfeffer würzen und im Mixer fein pürieren.
3. Die Fusilli nach Packungsanweisung in reichlich Salzwasser bissfest garen.
4. Abseihen und in der Peperonicreme schwenken.
5. Zum Anrichten einen Metallring auf dem Teller platzieren, die Burrata hineinsetzen und die Fusilli daraufgeben.
6. Mit geräuchertem Paprikapulver bestreuen, den Metallring abziehen und mit Minze garniert servieren.

Tipps **Die Burrata können Sie durch Büffelmozzarella ersetzen. Statt Peperoni können Sie Tomaten verwenden.**

Andere Nudelsorten

> Paccheri
> Penne

FAGOTTINI
mit gelben Datteltomaten und Mozzarella

4 Personen | 1 Stunde | mittel

1 **Knoblauchzehe,** fein gehackt
1 EL **Butter**
150 g **Topfen**
3 EL **Basilikum,** fein geschnitten
2 EL **Petersilie,** fein geschnitten
40 g **Parmesan,** gerieben
Salz
Pfeffer aus der Mühle
150 g **Eiernudelteig** (siehe Seite 28)
40 g **Butter**
200 g **gelbe Datteltomaten,** halbiert und gedünstet
120 g **Mozzarella,** in Stücke geschnitten
Majoran

1. Für die Füllung Knoblauch in Butter etwa **1 Minute** dünsten.
2. Mit Topfen, Basilikum, Petersilie und Parmesan vermischen und mit Salz und Pfeffer würzen.
3. Den Eiernudelteig mit der Nudelmaschine dünn ausrollen und Kreise (Ø 6 cm) ausstechen.
4. Mit einem Teelöffel etwas Topfenmasse in die Mitte der Teigblätter setzen und die Ränder mit Wasser bestreichen. Zu Fagottini falten und die Teigränder fest zusammendrücken (siehe Schritt für Schritt Seite 43).
5. Fagottini in reichlich kochendem Salzwasser etwa **2 Minuten** garen. Mit einer Schaumkelle herausnehmen und gut abtropfen lassen.
6. Die Butter zerlassen und die Fagottini darin schwenken.
7. Mit Datteltomaten und Mozzarella auf Tellern anrichten und mit Majoran garniert servieren.

Tipp **Sie können die Fagottini auch mit Käse, z. B. Taleggio oder Fontina, überbacken.**

Andere Teigsorten

> Buchweizennudelteig (S. 30)
> Tomatennudelteig (S. 31)

CANNELLONI
mit Taleggio-Füllung gebacken

4 Personen | 1 Stunde | mittel | scharf

30 g **Butter**
40 g **Mehl**
250 ml **Milch**
100 g **Taleggio**
1 **Eigelb**
20 g **Parmesan,** gerieben
½ TL **Paprikapulver**
Salz
Pfeffer aus der Mühle
150 g **Eiernudelteig** (siehe Seite 28)
Mehl, Ei und **Brotbrösel** zum Panieren
Backfett
200 ml **Chilisauce**
Petersilie, frittiert

1. Für die Taleggio-Füllung Butter schmelzen lassen und Mehl einrühren. Mit lauwarmer Milch aufgießen und etwa **8 Minuten** kochen, bis eine dicke Béchamelsauce entstanden ist.
2. Taleggio in kleine Stücke schneiden und zur Béchamelsauce geben. So lange rühren, bis der Käse geschmolzen ist.
3. Eigelb, Parmesan, Paprikapulver, Salz und Pfeffer unterrühren.
4. Den Eiernudelteig mit der Nudelmaschine dünn ausrollen und in acht Rechtecke (6 × 10 cm) schneiden.
5. Die Teigblätter in Salzwasser etwa **3 Minuten** garen, mit einer Schaumkelle herausnehmen und mit kaltem Wasser abschrecken. Auf Küchenkrepp abtropfen lassen.
6. Die Taleggio-Füllung in einen Spritzsack mit großer Lochtülle füllen und auf die Teigblätter spritzen. Die Teigblätter einrollen und auskühlen lassen (siehe Schritt für Schritt Seite 45).
7. Die Cannelloni in Mehl wenden, durch das verquirlte Ei ziehen und in Brotbröseln wälzen. Backfett in einem Topf auf **190 Grad** erhitzen und die Cannelloni darin etwa **3 Minuten** schwimmend ausbacken. Herausnehmen und auf Küchenkrepp abtropfen lassen.
8. Mit Chilisauce und frittierter Petersilie garniert servieren.

Tipps **Sie können die Taleggio-Füllung noch mit frischen Kräutern, z. B. Schnittlauch, Kerbel oder Majoran, würzen.**
Ersetzen Sie die Chilisauce durch Tomatensauce.

Das Autorenteam bedankt sich bei folgenden **Partnern**

Algunder
SENNEREI

Handwerkliche Produktion
sennereialgund.it

amika

Gutes aus dem Süden
amika.bz.it

Finoleum
EXKLUSIVE OLIVENÖLE AUS ITALIEN

QUATTROCIOCCHI

Olivenöl, Feinkost und Delikatessen
finoleum.com

Natural
PaSta

Nur das Beste für echte Genießer
pastashop-merano.com

Recla

Leidenschaft seit Generationen
recla.it

Bei uns ist tägliche Frische kein Zufall.
johannschnitzer.it

AUTOREN

Heinrich Gasteiger, Küchenmeister und langjähriger Kochfachlehrer an der Hotelfachschule *Kaiserhof* in Meran. Gilt als Lenker und Denker in allen Bereichen des Kochens. Auslandstätigkeiten in den renommierten Küchen der europäischen Spitzenhotellerie (Gstaad, Lugano, Seefeld, München ...). Kreativer Produktentwickler für Lebensmittel und innovativer Food-Designer im Lebensmittel- und Feinkostbereich.

Gerhard Wieser, Küchenmeister und diplomierter Diätkoch. Küchenchef im Gourmetrestaurant *Castel Fine Dining* im 5-Sterne-Hotel *Castel* in Dorf Tirol, das er u. a. zu zwei Michelin-Sternen und fünf Gault-&-Millau-Hauben führte. Er sammelte Erfahrungen bei Spitzenköchen in Europa und Asien. Engagierter Produktentwickler für Lebensmittel und Feinkost. Ausgezeichnet vom Schlemmer-Atlas als Spitzenkoch des Jahres 2023.

Helmut Bachmann, Küchenmeister und langjähriger Fachlehrer an der Gastgewerblichen Berufsschule *Emma Hellenstainer* in Brixen. Für die italienische Köche-Nationalmannschaft nahm er an Wettbewerben in Frankfurt, Luxemburg, Basel, Chicago und Wien teil und wurde mit mehreren Goldmedaillen ausgezeichnet. Mitglied im Weltbund der Kochverbände als WACS-GLOBAL MASTER CHEF.

GLOSSAR UND KÜCHENSPRACHE

Ablöschen
Flüssigkeit (Wein, Wasser oder Brühe) in die Pfanne geben, um die Röststoffe vom Topfboden zu lösen

Anschwitzen
in heißem Fett kurz anrösten, ohne viel Farbe annehmen zu lassen

Aufkochen
zum Kochen bringen (nur dann weiterkochen, wenn es so im Rezept steht)

Blanchieren
kurz mit siedendem Wasser überbrühen

Bottarga
getrockneter Fischrogen (Fischeier)

Burrata
italienische Frischkäsespezialität in Form eines Säckchens; ist wie Mozzarella ein Filata-Käse, der eine Füllung aus Rahm und Mozzarella-Bruch enthält

Dünsten
Garmethode in wenig Flüssigkeit

Faschieren
Fleisch durch den Fleischwolf drehen

Flotte Lotte
handbetriebenes Küchengerät zum Pürieren von Gemüse usw.

Guanciale
luftgetrocknete Schweinebacke

Köcheln
kochen in nur schwach wallender Flüssigkeit

Mönchsbart
Salzkraut

Nussbutter
braun gebrannte Butter

Sopressa
italienische grobe Salami

Speck
geräucherter, luftgetrockneter Schinkenspeck

Taleggio
norditalienischer Weichkäse mit geschützter Herkunftsbezeichnung

Zerlassen
vorsichtig schmelzen lassen (meist Butter)

LÄNDERTYPISCHE BEZEICHNUNGEN

Immer kommt es auch innerhalb der deutschsprachigen Länder zu Missverständnissen und Verwechslungen aufgrund von ländertypischen Bezeichnungen. Die Erklärung zu den undurchschaubaren Begriffen finden Sie in nachstehender Übersicht.

Südtirol / Österreich Deutschland
Cima di rapa Stängelkohl
Melanzane Aubergine
Pecorino Schafmilchkäse
Peperoncino Chilischote
Peperoni Paprikaschote
Puntarelle Spargelspitzen
Ricotta Frischkäse
Topfen Quark
Rohnen Rote Bete

Essen und … Trinken

552 Seiten, Hardcover,
über 400 Farbfotos, 19×23,3 cm
ISBN **978-88-6839-099-0**

636 Seiten, Hardcover,
über 1000 Farbfotos, 19×23,3 cm
ISBN **978-88-8266-341-4**

480 Seiten, Hardcover,
über 1500 Farbfotos, 20×26 cm
ISBN **978-88-6839-200-0**

552 Seiten, Hardcover,
über 400 Farbfotos, 19×23,3 cm
ISBN **978-88-8266-202-8**

276 Seiten, Hardcover,
über 250 Farbfotos, 19×23,3 cm
ISBN **978-88-8266-905-8**

168 Seiten, Hardcover,
110 Farbfotos, 19×23,3 cm
ISBN **978-88-6839-221-5**

176 Seiten, Hardcover,
110 Farbfotos, 19×23,3 cm
ISBN **978-88-6839-353-3**

156 Seiten, Hardcover,
110 Farbfotos, 19×23,3 cm
ISBN **978-88-6839-036-5**

256 Seiten, Integralbindung,
210 Farbfotos, 16,5×24 cm
ISBN **978-88-6839-498-1**

Die alpin-mediterrane Vielfalt der Südtiroler Küche in den erfolgreichen Kochbüchern des

„So kocht Südtirol"-Teams

Besondere **33 x-Gerichte** im handlichen Kleinformat 15 × 17,5 cm

192 Seiten, Hardcover,
100 Farbfotos, 16,5×24 cm
ISBN **978-88-6839-549-0**

96 Seiten, Hardcover,
80 Farbfotos, 17×22,3 cm
ISBN **978-88-6839-515-5**

96 Seiten, Hardcover,
80 Farbfotos, 17×22,3 cm
ISBN **978-88-6839-608-4**

und viele mehr …

Drei Küchenmeister, ein Ziel: **Heinrich Gasteiger, Gerhard Wieser** und **Helmut Bachmann** wollen der traditionsreichen Südtiroler und italienischen Küche ein zeitgemäßes, innovatives und kreatives Gesicht geben – und sie mit leicht verständlichen, garantiert gelingenden Rezepten allen zugänglich machen, die das Kochen lieben. Das Ergebnis der Zusammenarbeit des „So kocht Südtirol"-Teams kann sich sehen lassen: **Über 1,3 Millionen Exemplare** von über 90 erschienenen Kochbüchern haben Gasteiger, Wieser und Bachmann in den letzten zwei Jahrzehnten zu Bestsellerautoren im Alpenraum gemacht. Mehrere Bücher wurden bereits ausgezeichnet, zuletzt **Die große „So kocht Südtirol"-Kochschule** mit der Goldmedaille der Gastronomischen Akademie Deutschlands (GAD), der Silbermedaille beim swiss gourmetbook award und dem österreichischen Kochbuchpreis PRIX PRATO.

www.so-kocht-suedtirol.it

sokochtsuedtirol

REGISTER

Stichwörter mit **schwarzen** Seitenzahlen befinden sich im ersten Teils des Buches (Wissenswertes). Stichwörter mit **roten** Seitenzahlen befinden sich im zweiten Teil des Buches (Rezepte).

Bibliografische Information der Deutschen Nationalbibliothek
Die Deutsche Nationalbibliothek verzeichnet diese Publikation in der Deutschen Nationalbibliografie; detaillierte bibliografische Daten sind im Internet abrufbar: http://dnb.d-nb.de

Bildnachweis
Daniele Paternoster: Umschlag-Rückseite oben
Heike Santer: 19, 20/21 unten, 22/23
stock.adobe.com: Umschlag-Vorderseite (Ryba Sisters), Umschlag-Rückseite Mitte links (Mara Zemgaliete), Vorsatz (Rina Oshi), 4 (voinsveta), 4/6 (DiViArts), 12 (lesterman), 13 (nanisimova), 14 unten (luigi giordano), 15 (Mara Zemgaliete), 16 links (Sunny Forest), 21 oben (Thomas Francois), 24 (Serghei Platonov), 25 (africa-studio.com), 30 oben rechts (Christian Jung)
Alle übrigen Aufnahmen stammen von Günther Pichler, Eggen, www.gpichler.com

2. Auflage 2023

Lektorat: Kathrin Kötz, Auer
Design & Layout: Athesia-Tappeiner Verlag
Bildbearbeitung: Typoplus, Frangart
Druck: Athesia Druck, Bozen
Papier: Vorsatz Offset weiß, Innenteil Gardamatt Ultra

Gesamtkatalog unter
www.athesia-tappeiner.com

Fragen und Hinweise bitte an
buchverlag@athesia.it

ISBN 978-88-6839-675-6
ISBN 978-88-6839-676-3 (e-Book)